AF610727

MAGASIN THÉATRAL.

CHOIX DE PIÈCES NOUVELLES,

JOUÉES SUR TOUS LES THÉATRES DE PARIS.

THEATRE DU GYMNASE-DRAMATIQUE.

DAVIS, OU LE BONHEUR D'ÊTRE FOU,

Comédie-Vaudeville en deux actes.

PARIS.
MARCHANT, ÉDITEUR,
Boulevart Saint-Martin, 12.

BRUXELLES.
TARRIDE LIBRAIRE, PASSAGE DE LA COMÉDIE.

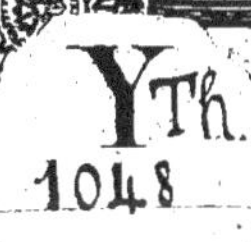

ACTE II, SCÈNE X

DAVIS,

OU LE BONHEUR D'ÊTRE FOU,

COMÉDIE-VAUDEVILLE EN DEUX ACTES,

Par M. Narcisse Fournier,

REPRÉSENTÉE, POUR LA PREMIÈRE FOIS, SUR LE THÉATRE DU GYMNASE-DRAMATIQUE, LE 11 NOVEMBRE 1842.

PERSONNAGES.	*ACTEURS.*	*PERSONNAGES.*	*ACTEURS.*
Sir JAMES ANDREWS, médecin, attaché à la maison de lord Bleston	M. KLEIN.	PAMÉLA	Mlle NATHALIE.
DAVIS, jeune Irlandais	M. J. DESCHAMPS.	BRIDGET, nourrice de Paméla, et tante de Davis	Mme JULIENNE.
PATRICK	M. NUMA.	JOHN, domestique de lord Bleston	M. BORDIER.

Le premier acte se passe, à Londres, chez lord Bleston. — Le deuxième acte, en Irlande, dans la chaumière de Bridget.

Nota. Toutes les indications sont prises de la droite du public.

ACTE PREMIER.

Un riche salon. Portes au fond ouvertes sur une galerie; portes latérales. Une table garnie à droite, un canapé à gauche.

SCÈNE PREMIÈRE.

PAMÉLA, *seule, assise sur le canapé et chantant d'une voix faible.*

AIR *de danse de la Reine de Chypre.*

Ah! viens avec moi fouler les gazons verts,
Sœur, quel doux plaisir nous attend au rivage!
Vois, le ciel est pur, l'horizon sans nuage,
Notre belle Irlande est la perle des mers.

SCÈNE II.

BRIDGET, PAMÉLA.

BRIDGET, *accourant par le fond à droite.* Elle est ici? oui... la voilà... dans quel état, grand Dieu! Paméla!... mon enfant!...

PAMÉLA, *se ranimant.* Bridget, ma bonne nourrice, ma mère...

L'Homme du siècle, dr. h. 40
La Visite domiciliaire, dr. 30
Le Royaume des femmes, f. 30
Le Sauveur, com. 3 a. 30
Les Faussaires Anglais, mél. 30
Le Magasin pittoresque, rev. 30
Le Serf et le Boyard, mél. 30
Le Château d'Urtuby, op.-c. 30
L'Amitié d'une jeune fille, m. 40
Je serai Comédien, c. en 1 a. 30
Le Fils de Ninon, dr. 3 a. 40
Le Prix de vertu, com.-v. 30
Le Curé Mérino, dr. 5 a. 50
Le Mari d'une muse, com.-v. 30
Flore et Zéphyre, fol.-v. 1 a. 30
Le Domino rose, com.-v. 30
La chambre de ma femme, c. 30
Les 4 Ages du Palais-Royal. 40
Juliette, dr. en 3 a. 40
Une Dame de l'Empire, c.-v. 30
La Paysanne demoiselle, v. 40
Un Soufflet, com.-v. 1 a. 30
Les Liaisons dangereuses, d. 40
Le Doigt de Dieu, dr. 1 a. 30
La Fille du Cocher, com.-v. 30
Théophile, com.-v. 1 a. 30
L'Oraison de St.-Julien, c.-v. 30
La Vénitienne, dr. 5 a. 50
L'honneur dans le crime, d. 50
Un Bal de domestiques, v. 30
Les Charmettes, com. 30
Pécherel l'empailleur, v. 30
L'Aiguillette bleue, v. h. 30
Les Mal-Contents de 1579, d. 50
Une Chanson, dr.-v. 30
Le Dernier de la famille, c.-v. 30
L'Apprenti, v. en 1 a. 30
Le Triolet bleu, com.-v. 40
Salvoisy, com. en 2 actes. [illegible]
Une aventure sous Charles IX [illegible]
Lestocq, op.-com. 4 actes. [illegible]
Turiaf-le-Pendu, v. 1 a. 30
Artiste et Artisan, com.-v. 30
L'Aspirant de marine, op.-c. 30
Un Ménage d'ouvriers, c.-v. 30
L'Interprète, com.-v. 1 a. 30
Un Enfant, dr. 4 a. 40
Le Capitaine Roland, c.-v. 30
La Tour de Babel, rev. ép. 30
La Nappe et le Torchon, c.-v. 40
Les Duels, com.-v. 2 a. 40
Vingt ans plus tard, v. 30
L'Angelus, op.-c. 1 a. 30
Un Secret de Famille, dr. 40
Les Dern. Scènes de la Fronde. 30
La Robe déchirée, com.-v. 30
Le Coutard et la Grisette [illegible]
Lionel ou mon avenir [illegible]
Heureuse comme une princesse. 40
La Cinquantaine, com.-v. 30
Prêtez-moi 5 francs, mél. 40
Un Caprice de femme, op.-c. 30
L'Impératrice et la Juive, d. 50
Le Capitaine de vaisseau, v. 40
Les Sept péchés capitaux, v. 30
Le Juif errant, drame fant. 50
Deux femmes contre 1 homme. 30
Le Septuagénaire, dr. 4 a. 40
Guiboulard extravagance. 30
La Fruitière de Savoie, v. 30
Les Deux Borgnes, fol.-v. 30
La Toque bleue, v. 1 a. 30
Charles III ou l'Inquisition. 40
Deux dé[illegible], com.-v. 30
Jacquemin, roi de Fr. c.-v. 40
Les Immoralités, com. 30
La Lectrice, v. 2 a. 40
Le Comte de St.-Germain. 40
L'École des ivrognes. 30
Les Bons Maris, com.-v. 30
La Famille Moronval, dr. 5 a. 50
Morin, dr. [illegible] 30
La Tempête, fol.-v. en 1 a. 30
Mon Ami Grandet, v. 30
Le Juif Errant, v. [illegible] 30
La Filature, v. en 3 a. 40
Le Marchand forain, op.-c. 40
L'Idiot, com.-v. 30
Les Tours Notre-Dame, v. 30
Le Mari de la Favorite, c. 50

Lord Byron à Venise, c. 40
La vie de Napoléon, sc. ép. 30
La Vieille Fille, com.-v. 30
Latude, mél. hist. 50
Georgette, v. 30
Le For-l'Évêque, v. 40
Le Ramoneur, v. 30
La Sentinelle perdue. 30
[illegible] 30
Un [illegible], com.-v. 3 a. 40
L'[illegible] com. [illegible] 30
Le Procès du mar. Ney, 3 a. 30
Une Passion, v. 1 a. 30
Estelle, com.-v. 1 a. 30
Antony, d. 4 a. par Al. Dumas. 50
Mari de la veuve, A. Dumas. 30
Atar-Gull, mél. 3 a. 30
Gillette de Narbonne, v. 3 a. 40
Les Enfans d'Édouard, trag. 40
Mad. d'Egmont, com. 3 a. 40
Catherine Howard, dr. 50
La Prima Dona, v. 1 a. 30
Être aimé ou mourir, c.-v. 30
Une Mère, dr. 2 a. 40
Charles VII, par Al. Dumas. 50
Mademoiselle Marguerite. 30
Étienne et Robert, v. 30
Bouffon du Prince, 2 a. 40
La Consigne, com.-v. 1 a. 30
Marino Faliero, tr. 5 a. par C. Delavigne. 50
Napoléon, par Al. Dumas. 50
Charlotte, dr. 3 a. 40
Les Enragés, tabl. villageois. 30
Angèle, d. 5 a. par A. Dumas. 50
L'Homme du monde, d. 5 a. 50
Les Roués, v. 3 a. 40
Thérésa, d. 5 a. par A. Dumas. 50
Le Conseil de révision, v. 1 a. 30
La Chambre Ardente, d. 5 a. 50
Couillon III, c.-v. 1 a. 30
Le Moine, dr. 4 a. 40
Henri, Cardinal et Page, v. 30
Jours gras sous Charles IX. 40
Père et Parrain, v. 2 a. 40
Jeanne Vaubernier, c. 3 a. 40
Les Deux Sévérées, c.-v. 3 a. 30
Indiana, dr. en 5 parties. 50
Frétillon, v. en 5 a. 50
La Femme qui n'aime plus [illegible]
1834 et [illegible], revue [illegible] 1 a. 30
Le Tapissier [illegible]
La Fille [illegible]
L'Auto[illegible]
Dolly, [illegible]
[illegible]
[illegible]
Au Clair de la lune, 1 a. 30
Fa[illegible]
La Noce [illegible] 3 a. 30
Marmiton et Gd Seigneur. 30
La Marquise, op.-com. 1 a. 40
Fich-Tong-Kang, v. 1 a. 30
Les Gants jaunes, v. 1 a. 30
Mon Ami Polyte, v. 1 a. 30
Le Cheval de Bronze, o.-c. 3 a. 40
Les Beignets à la Cour, c. [illegible]
Le Père Goriot, v. 2 a. 30
Fleurette, drame 3 a. 30
Anacharsis, vaud. [illegible]
La Traite des Noirs, drame. 40
Manette, com.-v. 1 a. 30
Karl, drame en 4 actes. 40
La Croix d'or, com.-v. 2 a. 30
Un Père, mélod. 3 a. 40
Le Vendu, tableau pop. 1 a. 30
Jeanne de Flandre, mél. 40
L'H de Croissey, com.-v. 30
Une Chaumière et son cœur, 40
Cornaro, parodie d'Angelo. 30
Les Camarades de Pension, 3 a. 40
Cromwell, drame 5 actes. 50
Marius-Pontius, vaud. 2 a. 30
[illegible], com. 3 a. 40
Ombre du mari, vaud. 2 a. 40
Amours de Faublas, bal. 3 a. 30
Porte-Faix, op.-com. 3 a. 40
On ne passe pas, vaud. 1 a. 30
Ma Femme et mon Parapluie. 30

Micheline, op.-c. 1 a. 30
Le Violon de l'Opéra, 1 a. 30
Le Prova d'un op. seria, 1 a. 30
Alda, op.-c. 1 a. 30
Jacques II, dr. en 4 a. 40
Mon Bonnet de nuit, v. 30
Fille mal élevée, c.-v. 2 a. 40
La Berline de l'Émig. d. 5 a. 50
Un de ses Frères, v. 30
Les deux Reines, op.-c. 3 a. 30
La Mère et la Fiancée, [illegible]
Le Curé de Champaubert, v. 40
L'Habit ne fait pas le moine, 40
Marguerite de Quélus, d. 3 a. 40
Les Mineurs, mél. 3 a. 40
L'Agnès de Belleville, 3 a. 30
Plus de jeudi, v. 1 a. 30
Les Créoles, en 3 actes. 30
Pauvre Jacques c.-v. 1 a. 30
Un Roi et [illegible] 30
Madelon Friquet, v. 2 a. 30
L'Aumônier du régiment, v. 30
L'Octogénaire, c. 1 a. 30
Chérubin, c. [illegible] 30
Cosimo, op.-bouff. 30
Testament de Piron, v. 1 a. 30
La Péricholé, v. 1 a. 30
Un Mariage sous l'emp. v. 2 a. 40
La Pensionnaire mariée, c.-v. 30
Le Jugem. de Salomon, 1 a. 30
Le Mariage raisonnable, c. 1 a. 30
La Tirelire, com.-v. 1 a. 30
Les Bédouins en voyage. 30
La Femme qui se venge, v. 30
La tache de sang, d. 3 a. 40
Toniotto, d. 3 a. 40
La Savonnette impériale, v. 30
André, v. 2 a. 40
En attendant, c.-v. 2 a. 30
La Femme du peuple, tab. 30
Zazezizozu, féerie en 4 a. 40
La Fille de Cromwell, v. 40
Jean-Jean, parodie en 5 tabl. 50
La Sonnette de nuit, c.-v. 1 a. 30
Une loi anglaise, c.-v. 2 a. 40
Le [illegible] un père, 1 a. 30
La Fiole de Cagliostro, v. 30
Paris dans la Comète, rev. 30
[illegible] v. 3 a. 40
Aurélie, d. en 3 a. 40
Valentine, dr.-v. en 2 a. 40
Coqueluche, v. 3 a. 30
Plus de loterie, v. 1 a. 30
[illegible]
Elle a été plus, v. 1 a. 30
[illegible]
La Folle, v. 3 a. 30
Le Gamin de Paris, c.-v. 2 a. 40
Le Tremblay, [illegible] 40
Sous la [illegible] 1 a. 30
Madeleine, com.-v. 30
M. et Mme Galochard. 30
Les Chansons de Désaugiers. 50
La Fille de la Favorite, 3 a. 40
Art de ne pas payer son terme. 30
Coliche, com.-v. 1 a. 30
Clémentine, com.-v. 1 a. 30
Gilblas, v. 3 a. 40
Jérusalem délivrée. 50
Le Prévôt de Paris, mél. 3 a. 40
[illegible] c.-v. 2 a. 40
Chut! 2 actes, par Scribe. 40
Héloïse et Abeilard, d. 5 a. 50
La Laide, v. 3 a. 30
L'Enfant du Faubourg, v. 3 a. 40
L'Ingénieur, d. 2 a. 40
Changée en Nourrice, v. 2 a. 40
Les Chaperons blancs, op.-c. 40
La Marq. de Pretintaille, v. 1 a. 30
Sarah, op.-c. 2 a. 30
Sur le Pavé, v. 1 a. 30
Don Juan de Marana, myst. 50
Une St-Barthélemy, v. 1 a. 30
La Liste des notables, v. 2 a. 40
La Reine d'un jour, v. 2 a. 40
Le Démon de la nuit, v. 2 a. 40
Un Procès criminel, c. 3 a. 40
Le Portrait du Diable, v. 3 a. 40
Mariana, c.-v. 3 a. 30
Le Comte de Horn, dr. 3 a. 40

Un Bal du grand monde, v. 1 a. 30
L'Oiseau Bleu, v. 3 a. 40
Le Barbier du Roi d'Aragon, 3 a. 40
Balthasar, v. 1 a. 30
Amazampo, dr. 4 a. 5 t. 50
La Vaubalière, dr. 5 a. 50
Le Luthier de Vienne, op.-c. 30
Les Misères d'un Timbalier. 30
Le C. des Informations, v. 1 a. 30
Casanova, v. 3 a. 40
Georgine, c.-v. 1 a. 30
Mistress Sidons, c.-v. 2 a. 40
Tout ou Rien, dr. 3 a. 40
Lestocq, v. 1 acte. 30
Madame Peterhoff, v. 1 a. 30
D'Aubigné, v. 2 a. 40
Christiern, mél. 3 a. 40
Kean, c. 5 a. par Dumas. 50
Le Diadesté, op.-c. 2 a. 40
Arrivé à propos, v. 1 a. 30
Le Père de Piron, v. 1 a. 30
Le Roi malgré lui, v. 2 a. 40
Le Parc de Champvert, d. 3 a. 40
Le Diable amoureux, v. 1 a. 30
Le [illegible] v. 1 a. 30
[illegible], dr. 40
St. Hubert, par Scribe, dr. 40
[illegible], par Mme Ancelot. 40
Pierre le Rouge, c.-v. 3 a. 40
L'Homéopathie, c.-v. 1 a. 30
Théodore, v. 1 a. 30
[illegible] mon père, v. 1 a. 30
La Femme de l'épicier, v. 1 a. 30
Dolorès, mél. 3 a. 40
Un Cœur de mère, c.-v. 2 a. 40
Jaffier, drame en 5 a. 50
Les Pontons de Cadix, 1 a. 30
Les deux [illegible] 30
[illegible] 30
Le [illegible] d'Ingouville, c.-v. 1 a. 30
El Gitano, mél. 3 a. 50
Léon, drame en cinq actes. 50
Fils d'un agent de change, 1 a. 30
Le Comte de Charolais, v. 3 a. 40
Le Mari de la dame de chœurs. 40
Valérie mariée, dr. 3 a. 40
Roquelaure, vaud. 4 a. 40
Madame Favart, c. 3 a. 40
L'Ambassadrice, op.-c. 3 a. 40
L'Année sur la Sellette, rev. 1 a. 30
Le Secret de mon oncle, v. 1 a. 30
La Nouvelle Héloïse, dr. 3 a. 40
Gaspardo, par M. Bouchardy. 50
Le Postillon de Lonjumeau. 40
La Chevalière d'Eon, v. 2 a. 40
Austerlitz, événement hist. 50
Le muet de St-Malo, v. 3 a. 30
Stradella, com. 1 a. 30
La Laitière et les 2 Chasseurs. 30
Riche et Pauvre, dr. 5 a. 50
La Champmeslé, c.-anec. 2 a. 40
Huit ans de plus, mél. 3 a. 40
Père et Fils, v. 3 a. 30
Les Sept Infans de Lara, d. 5 a. 50
Michel, c.-v. 4 a. 40
Paraviades, dr. 3 a. 40
Le Portefeuille ou 2 Familles. 50
Riquiqui, com.-vaud. 3 a. 40
Un grand Orateur, c.-v. 1 a. 30
Trop heureuse, c.-v. 1 a. 30
La Vieillesse d'un grand roi, 40
L'Étudiant et la grande Dame. 40
La Comtesse du Tonneau, 2 a. 40
Le Paysan des Alpes, dr. 3 a. 50
Polly, com.-vaud. 3 a. 40
Le Bouquet de bal, c. 1 a. 30
La Vendéenne, c.-v. 1 a. 30
L'honneur de ma mère, dr. 3 a. 50
Eulalie Granger, dr. 5 a. 50
Schubry, [illegible] vaud. 1 a. 30
Julie, [illegible] 30
L'Amour [illegible], dr.-v. 3 a. 40
[illegible], c.-v. 1 a. 30
Pascal et Pauline, c.-v. 2 a. 40
[illegible] Maîtresse, c.-v. 1 a. 30
[illegible] de Naples, dr. 5 a. 50
Les Gars, dr. 5 a. 50
Un Chef-d'Œuvre inconnu, 40
Vouloir c'est Pouvoir, c.-v. 2 a. 40
Mina, com.-vaud. 2 a. 40

ACTE II, SCÈNE X

DAVIS,

OU LE BONHEUR D'ÊTRE FOU,

COMÉDIE-VAUDEVILLE EN DEUX ACTES,

Par M. N. Fournier,

REPRÉSENTÉE, POUR LA PREMIÈRE FOIS, SUR LE THÉATRE DU GYMNASE-DRAMATIQUE, LE 11 NOVEMBRE 1842.

PERSONNAGES.	*ACTEURS.*	*PERSONNAGES.*	*ACTEURS.*
Sir JAMES ANDREWS, médecin, attaché à la maison de lord Bleston	M. KLEIN.	PAMÉLA	Mlle NATHALIE.
DAVIS, jeune Irlandais	M. J. DESCHAMPS.	BRIDGET, nourrice de Paméla, et tante de Davis	Mme JULIENNE.
PATRICK	M. NUMA.	JOHN, domestique de lord Bleston	M. BORDIER.

Le premier acte se passe, à Londres, chez lord Bleston. — Le deuxième acte, en Irlande, dans la chaumière de Bridget.

Nota. Toutes les indications sont prises de la droite du public.

ACTE PREMIER.

Un riche salon. Portes au fond ouvertes sur une galerie; portes latérales. Une table garnie à droite, un canapé à gauche.

SCÈNE PREMIÈRE.

PAMÉLA, *seule, assise sur le canapé et chantant d'une voix faible.*

AIR *de danse de la Reine de Chypre.*

Ah! viens avec moi fouler les gazons verts,
Sœur, quel doux plaisir nous attend au rivage!
Vois, le ciel est pur, l'horizon sans nuage,
Notre belle Irlande est la perle des mers.

SCÈNE II.

BRIDGET, PAMÉLA.

BRIDGET, *accourant par le fond à droite.* Elle est ici? oui... la voilà... dans quel état, grand Dieu! Paméla!... mon enfant!...

PAMÉLA, *se ranimant.* Bridget, ma bonne nourrice, ma mère...

BRIDGET. Quelle imprudence !... profiter d'un moment où je t'ai quittée !... venir seule ici, loin de ton appartement, dans cette salle où mylord donne quelquefois audience à ses savants, à ses artistes! J'étais d'une inquiétude! Je te cherchais, quand j'ai entendu chanter, j'ai reconnu ta voix, et j'ai eu peur... car je connais l'effet de cette chanson du pays... Va, ma chère enfant, je te comprends bien !... et moi, crois-tu donc que je ne regrette pas cette petite chaumière où j'ai toujours vécu, où tu as été élevée, où m'attend mon neveu Davis ?...

PAMÉLA. Oui, ma bonne Bridget ; mais ce pays, cette chaumière et lui, mon ami d'enfance, ce pauvre Davis ! ô que tu es heureuse ! tu vas bientôt les revoir.

BRIDGET. Et que Dieu en soit loué ! car je ne pourrais pas rester longtemps chez ces Anglais... tout m'offusque ici, leurs coutumes, leurs manières, jusqu'à ces vêtements qu'ils m'ont forcée de prendre ; et pas la moindre conscience !.. enfin, depuis cinq semaines que nous sommes à Londres, ne nous oblige-t-on pas à mentir toute la journée ? Voici l leçon que Mylord m'a faite le jour de notre arrivée ici ; « Vous venez du pays de Galles ; vous y avez » toujours vécu ; vous étiez au service de mi- » lady Bleston, une de mes parentes, et vous » avez donné vos soins à miss Paméla depuis » que je l'ai envoyée chez cette dame... » Autant de mensonges, autant de suppositions ; et tout cela pour que les curieux ne s'avisent pas de faire des recherches au sujet de ta naissance. Si ce secret était ébruité, mylord, qui est si orgueilleux, n'oserait plus te transmettre son titre et sa fortune.

PAMÉLA. Il est bon cependant, il m'aime...

BRIDGET. Il t'aime à sa manière, parce que tu porteras son nom, et que maintenant tu es sa plus proche héritière... il a bien soin de toi, oui, c'est vrai, et puis il te propose un mariage superbe avec cet ambassadeur, lord Derby, qui t'emmènera encore plus loin de ton pays...

PAMÉLA. Mon pays ! vois-tu, Bridget, voilà tout ce que je puis aimer, voilà seulement où je puis vivre ! Te rappelles-tu nos promenades sur le lac, le soir, au clair de lune, quand nous causions doucement, et que Davis oubliait de ramer ?... et nos visites à la grotte de Dwyne, ce jour entre autres où nous faillîmes être surprises par le flux de la mer !.. Davis survint alors comme un ange libérateur ! il trouva une issue à travers les rochers, et m'emporta dans ses bras presque évanouie... Et ces belles fêtes d'église où nos voix répondaient à celle du bon vicaire de Wexford... et la petite chambre si simple que j'occupais à côté de la tienne, et notre modeste parloir transformé en salle d'études, et nos douces occupations de chaque jour !

Elle se lève.

AIR *du fou de Tolède* (Monpou).

Te souviens-tu des airs de la patrie,
Chantés le soir,
A tes genoux, quand ta fille chérie
Venait s'asseoir ?
Ah ! mes beaux jours, avec leurs doux présages,
Sont loin déjà !
Mais du passé les riantes images
Sont toujours là,
Oui ! toujours là !

Moi, une héritière, une grande dame ! Ah ! Bridget ! si la vie qui m'échappe me permettait encore de pareils souhaits, je donnerais mille fois tout ce luxe, tout cet appareil qui m'entoure, pour un seul jour de notre ancien bonheur !... Ah ! si je pouvais repartir avec toi ! Mais, jamais, a dit mon oncle. Ah ! Bridget, Bridget !

Elle retombe sur le canapé en pleurant.

BRIDGET. Mon Dieu !... ne parle donc pas de cela... tu vois, dès que nous en arrivons à ce sujet-là... Veux-tu que je fasse appeler le docteur Andrews ?

PAMÉLA. Lui !

BRIDGET. Puisque c'est l'ami, le commensal de mylord, puisqu'il demeure dans l'hôtel...

PAMÉLA. Le docteur Andrews, oui, un savant ; mon oncle en fait beaucoup de cas...

BRIDGET. Ce qui m'impatiente, moi, c'est qu'il est trop questionneur, trop curieux... et moi qui n'ose rien répondre, de peur de me tromper !... Dieu me pardonne, il y a quelque chose de plus terrible encore que de mentir, c'est d'être obligé de se taire... (*La porte s'ouvre.*) Le voilà, c'est lui... tenons-nous sur nos gardes.

SCÈNE III.

LES MÊMES, ANDREWS.

ANDREWS, *parlant à John.* Mylord est enfermé avec le Lord Chancelier ; son intention est que l'on m'adresse directement les personnes qui auront affaire à lui*... (*John se retire. A Paméla.*) Eh quoi ! vous dans ce salon, ma chère miss, quand je vous avais recommandé la retraite la plus absolue ! Pardon, n'attribuez mes observations qu'à l'extrême intérêt... C'est qu'il ne s'agit pas ici de la santé de la première venue, quand on est comme vous l'unique héritière de la grande et puissante maison de Bleston... car vous êtes arrivée ici tout à propos... un mois après

* Bridget, Paméla assise, Andrews.

la mort du petit-fils de mylord, votre cousin, tué dans un duel... c'est même extraordinaire cette coïncidence.

BRIDGET. Ah! le hasard...

ANDREWS, *passant entre les deux femmes.* Oui, c'est le hasard. (*Prenant la main de Paméla.*) Voulez-vous bien permettre? (*A part en l'observant.*) Ces spasmes continuels... (*Haut.*) Comme je vous le disais, votre retour à Londres, où l'on ne vous attendait pas, était fait pour déconcerter les prétentions de lord Liverdale, ce parent éloigné de Mylord, qui, à ce qu'il paraît, n'avait jamais entendu parler de vous. (*A part.*) Diable! mauvais symptôme!

Il quitte le bras de Paméla.

BRIDGET. Qu'est-ce donc?

ANDREWS, *à demi-voix.* Rien!... oh! rien de sérieux... seulement, pour mettre à couvert ma responsabilité, j'ai accepté ce matin une consultation.

BRIDGET. Une consultation!

ANDREWS. Oui, j'ai été forcé d'appeler ce petit médecin irlandais, ce Stephenson qui dernièrement a osé m'attaquer, moi un doyen, le chef de notre premier établissement de santé!... et depuis dix ans attaché à la maison du noble lord Bleston; il faudra bien qu'il rende hommage à ma supériorité... et dans cette occasion, miss, je veux reculer les bornes de la science, d'abord à cause de l'intérêt que je vous porte, et ensuite pour le confondre. J'attends un grand effet de l'excellente recette que je vais vous donner.

Il va s'asseoir à la table à droite.

BRIDGET. En attendant je ne vois pas que vous l'ayez soulagée.

ANDREWS. C'est votre faute, ma chère dame...

BRIDGET. Ma faute!

ANDREWS. Eh oui, sans doute... je vous ai demandé des renseignements, des détails sur le climat, les habitudes, les mœurs du pays d'où vous venez, et jamais vous ne m'avez répondu...

BRIDGET, *embarrassée.* C'est que... sur ce point-là... mylord s'était chargé... il a dû vous donner tous les éclaircissements nécessaires...

Elle va vers Paméla.

ANDREWS, *à part, à la table.* Hum! toujours du mystère!... Si le secret qu'on me cache intéressait par hasard l'ancien héritier, lord Liverdale! celui-là m'a accordé toute sa confiance... tandis que cette jeune fille...

JOHN, *entrant.* Monsieur le docteur.

ANDREWS, *sans se lever.* Qu'y a-t-il?

JOHN. Ce sont des clients de mylord, de pauvres Irlandais.

PAMÉLA, *se levant.* Des Irlandais!

ANDREWS. Des vagabonds, des misérables...

JOHN. Qui viennent réclamer la gratification de chaque mois...

ANDREWS. C'est bon... un autre jour...

PAMÉLA, *à Andrews qui se lève.* Ah! ne les faites pas attendre... des malheureux qui souffrent!... mylord les protége, et dans ce moment vous le remplacez; soyez bon, monsieur, je vous en prie, faites-leur distribuer les secours ordinaires... (*A John.*) S'il y a parmi eux des femmes et des enfants, qu'on leur donne les vêtements d'hiver que j'ai préparés.

ANDREWS, *se levant.* Quel intérêt pour ces mendiants?...

PAMÉLA. Des mendiants! mais...

BRIDGET, *bas, à Paméla.* Prends garde...

JOHN. Il y a aussi ce pauvre homme qui vient presque tous les matins apporter des papiers...

ANDREWS. Ah! oui; Patrick! cet original... c'est bien... (*Le domestique sort.*) Un songe creux, un maniaque qui a la tête tournée par les inventions, et qui se croit toujours à la veille de faire fortune... (*A Paméla.*) Pardon, miss, mais comme on le traite sans conséquence, mylord a permis qu'on le laissât aller et venir dans l'hôtel, à sa fantaisie...

SCENE IV.

LES MÊMES, PATRICK*.

PATRICK, *à la cantonade.* Drôles que vous êtes!... je vous apprendrai à me respecter... dès que je serai riche... ce qui ne tardera pas...

ANDREWS, *à Paméla.* Il y a dix ans qu'il dit que ça ne tardera pas.

PATRICK, *descendant la scène.* Oh! demain, ou après-demain au plus tard, vous verrez... Une dame! mille pardons!... mais l'impertinence de ces laquais!... parce qu'en attendant l'audience de mylord je considérais leur taille et leur encolure, afin de m'en procurer de pareils quand j'aurai un équipage... ce qui ne tardera pas... ne se sont-ils pas mis aussi à me considérer et à me rire au nez?... (*Allant au fond.*) Insolente valetaille!... Si vous saviez ce que j'ai là dans ma tête... et là dans mes poches...

ANDREWS. De l'argent?

PATRIK, *tirant un papier de sa poche.* Non, un projet.

ANDREWS. Aussi ça m'étonnait.

* Patrick, Andrews, Paméla assise, Bridget.

PATRICK. Une invention superbe, que je couve depuis de longues années, et dont je viens de trouver le dernier mot... Oh! c'est que je ne suis pas comme les autres, moi, je ne viens pas demander l'aumône; au contraire, j'apporte des richesses, des richesses immenses dont j'espère bien recueillir ma part.

ANDREWS. Pauvre rêveur!

PATRICK. Si l'Angleterre n'apprécie pas ma superbe découverte, je ferai comme Christophe Colomb, j'irai en Amérique, dans le pays des innovations, et prenez-y garde, je déshériterai l'ancien monde; c'est le nouveau que j'associerai à la gloire de mon nom et à celle du pays qui m'a vu naître... Vive l'Irlande et saint Dunstan!

BRIDGET, *s'oubliant*. Oui,, vive l'Irlan...

PATRICK, *se retournant*. Hein?... tiens, il me semble que j'ai déjà vu cette bonne femme-là quelque part...

ANDREWS. Plaît-il?

PATRICK, *montrant les papiers*. Tenez, voici des notes... c'est la base fondamentale de mon grand travail...

ANDREWS, *à Patrick*. Vous l'avez vue?

PATRICK. Qui? la base fondam...

ANDREWS, *montrant Bridget*. Eh non!... cette femme...

PATRICK. C'est possible... oui... (*Montrant les papiers.*) Voici d'abord...

ANDREWS. Où donc l'avez-vous vue? à quelle époque?

PATRICK, *toujours feuilletant*. Il y a dix, douze, quinze ans... combien? je n'en sais rien... j'ai tant de choses en tête! (*A Bridget.*) N'est-ce pas à l'église, hein? oui... oui... le dimanche, à vêpres, tenant deux enfants par la main, deux petits enfants, fille et garçon...

PAMÉLA. O ciel!

BRIDGET. Qu'est-ce donc? ah! mon Dieu! elle pâlit, elle chancelle... monsieur le docteur!

PATRICK. La jeune dame se trouve mal!

ANDREWS, *courant à Paméla*. Miss Bleston!... qu'avez-vous!

PAMÉLA. Je ne sais... une faiblesse subite... j'ai eu tort de venir ici...

ANDREWS. Je vous le disais bien!...

PAMÉLA.

AIR : *Walse de Giselle d'Adam.*

Du tourment qui m'oppresse
Je ne puis m'affranchir;
Trouverai-je sans cesse
Ce triste souvenir?

ANDREWS.

Acceptez mon bras, je vous prie...

PAMÉLA.

Ah! pardon, docteur, laissez-moi
Seule avec ma mère chérie;
Ses soins me suffiront, je croi!...

ENSEMBLE.

BRIDGET.

Du tourment qui l'oppresse
Rien ne peut la guérir.
Trouverons-nous sans cesse
Ce triste souvenir?

ANDREWS.

Cette étrange faiblesse
Me donne à réfléchir;
Ce secret m'intéresse.
Je prétends l'éclaircir.

Paméla et Bridget sortent par le fond à droite.

SCÈNE V.

ANDREWS, PATRICK.

ANDREWS, *les conduisant par le fond*. C'est bien... qu'elle se repose... et tout à l'heure j'irai m'informer de son état... (*Il redescend la scène; à part.*) Hum!... ceci n'est pas naturel... est-ce que, par hasard, je serais sur la trace?... si par lui je pouvais savoir?... en me prêtant un peu à ses idées... (*Haut.*) Eh bien, mon cher monsieur Patrick, je suis charmé de vous voir... causons un peu de vos affaires, de vos belles conceptions...

PATRICK, *à part, quittant le canapé où il était allé s'asseoir pendant le chœur précédent, et où il était occupé à prendre des notes*. Tiens, tiens, il n'a pas l'habitude de me traiter avec tant d'égards... il commence à me rendre justice...

ANDREWS. Il y a dix ans, je crois, que vous êtes venu chercher fortune à Londres?

PATRICK. C'est ce voyage-là qui m'a ouvert les idées... je végétais là-bas, dans mon pays... je n'avais pour tout bien que le revenu d'une petite ferme... en revanche, je me sentais une vocation décidée pour toutes sortes de choses indéterminées... Je vins à Londres, où j'appris, je puis le dire... les sciences mécaniques, les sciences spéculatives, l'économie politique, l'horticulture et l'astrologie judiciaire... tout mon petit patrimoine y a passé... Ah! si lord Bleston, le protecteur né de tous les Irlandais... si lord Bleston, mon glorieux ami, je l'appelle mon glorieux ami depuis qu'il m'a accordé mes grandes entrées dans son hôtel... si lord Bleston, dis-je, avait voulu employer toute son influence pour terrasser l'envie et faire triompher les nombreux projets que je lui ai remis...

ANDREWS. Oh! sans doute... sans doute... Mais dites-moi, malgré l'intervalle écoulé, vous avez, à ce qu'il me paraît, la mémoire toujours présente?

PATRICK. Toujours... quand on est organisé comme moi...

ANDREWS. Et vous vous rappelez assez exactement tout ce que vous aviez laissé dans votre pays...

PATRICK. Parbleu! j'y ai laissé haut comme ça de plans et de mémoires, tous plus magnifiques les uns que les autres, mais rien n'approche de mon grand travail... figurez-vous, mon cher monsieur, la découverte la plus merveilleuse!... d'un intérêt... je ne dirai pas national... fi donc!... je ne dirai pas européen, fi donc!... je dirai universel... terrestre... et même un peu céleste...

ANDREWS. Céleste...

PATRICK. J'ai découvert... Vous appuierez mon rapport à la société scientifique, n'est-ce pas? J'ai découvert... Je vous donnerai quelque chose... demain... après-demain... j'ai découvert une nouvelle application de la vapeur.. un immense service rendu à l'humanité, surtout en hiver... comme à présent.

ANDREWS. Comment?

PATRICK. Un moyen de chauffer la voie publique.

ANDREWS. Hein? c'est là...

PATRICK. Vingt degrés au-dessus de zéro... rien de plus simple... Vous commencez par former le vide, et l'interfusion des couches d'air échauffé produit des... courants... des ventilateurs brûlants qui... à l'aide d'une rotation accélérée... J'ai là toutes mes notes où j'établis victorieusement cette nouvelle conquête de l'homme sur la nature.

ANDREWS, *à part.* Et dire pourtant qu'il y avait du bon dans cette tête-là!

PATRICK. Jugez de ma gloire après cela!

AIR *du Mariage extravagant.*

D'après la fable vulgaire,
Prométhée, homme immortel,
Pour l'apporter sur la terre,
A ravi le feu du ciel.
Par un procédé contraire,
Moi, le grand industriel,
J'ai pris le feu de la terre
Pour le porter dans le ciel.

Et me voilà tranquille pour l'avenir... demain ou après demain je serai millionnaire... à propos, mon cher docteur, pouvez-vous m'avancer cinq guinées... pour mon hôtelier... il dit que c'est le dixième mois... voilà le dixième mois... et il s'avise de me tourmenter...

ANDREWS, *cherchant dans son portefeuille.* Comment donc! voilà justement un billet de cinq livres... mais pour en revenir à cette bonne femme que vous avez vue là tout à l'heure, dites-moi, persistez-vous à croire...

PATRICK. Oui, je persiste à croire que la vapeur dilatée au degré indiqué là doit produire une force d'expansion capable de déplacer les couches d'air...

ANDREWS, *à part.* Allons, bon!... il n'y a rien à attendre de lui... où diable m'avisé-je de m'arrêter là?... C'est bien, mon cher; mylord verra... appréciera... mais l'heure de ma consultation est arrivée; je ne vous retiens pas.

PATRICK, *passant à a table, où il dépose ses papiers.* Ni moi non plus; allez, docteur, allez à vos affaires, pas de cérémonie*...

ANDREWS. Comment? vous restez ici?

PATRICK. Il le faut bien, j'ai donné rendez-vous à quelqu'un.

ANDREWS. Par exemple! et à qui donc?

PATICK, *revenant en scène.* J'ai oublié de vous le dire... une aventure prodigieuse... Un petit jeune homme bien gentil, bien intéressant, que j'ai trouvé immobile, comme une statue, au milieu de Grosvenor Square... Le peuple commençait à l'entourer avec curiosité... Il prononça quelques mots dans un dialecte que je reconnus... ce dialecte irlandais si harmonieux!... Un compatriote! je l'aborde alors, je l'interroge... il me répond les larmes aux yeux qu'il est sans ressources, sans appui, sans protection.. Sans protection, m'écriai-je, dans une ville où mylord Bleston, mon glorieux ami!... Alors je lui donne mon adresse... c'est-à-dire celle de mylord, et il va venir.

ANDREWS. Il va venir?...

PARTRICK. Tout à l'heure; je vais en l'attendant rédiger pour mylord mon grand travail... pourvu que je perde pas le fil de mes idées!... (*Il s'assied devant la table.*) Oh! c'est qu'aujourd'hui, avec les inventions, il faut se hâter!... les millions se volent très-bien....

Il s'assied à la table.

ANDREWS. Ah ça, mais...

JOHN, *entrant.* Le docteur Stephenson vient d'arriver pour la consultation.

ANDREWS. C'est bien... j'y vais... (*Regardant Patrick.*) Le voilà tout entier dans ses calculs... ma foi, qu'il y reste... Quant au mystère qui entoure cette jeune fille, je finirai bien par l'éclaircir... patience!

Il sort par le fond, à droite.

SCÈNE VI.

PATRICK, *assis à la table, puis* JOHN.

PATRICK. Oui, c'est certain, O'Connel et moi, nous réhabiliterons l'Irlande; il ne me

* Patrick, Andrews.

reste plus qu'à trouver ma force secondaire. (*On entend du bruit.*) Allons, du bruit! on ne peut pas travailler tranquillement. (*Allant au fond et regardant à gauche.*) Eh mais, c'est mon jeune homme de ce matin... on lui refuse la porte. (*A John, qui passe.*) John! John!... vous voyez ce jeune homme qui est là-bas, qui se dispute, c'est un de mes amis, je le protége; ainsi faites-le entrer.

JOHN, *riant.* Ha! ha! ha!

PATRICK. Ce drôle!... obéissez, je vous donne deux guinées, trois guinées.

JOHN, *riant.* Ha! ha! ha?

PATRICK. Il rit encore! Ma foi, le billet de cinq livres y passera... tenez.

Il lui donne le billet.

JOHN. Comment! c'est donc vrai?

PATRICK. Sortez, faquin, et faites entrer.

JOHN, *à la cantonade.* Holà! vous autres, laissez passer.

PATRICK, *à la cantonade.* Laissez passer.

John sort.

SCÈNE VII.

PATRICK, DAVIS, *tenant sous son bras une boîte de peintre qu'il dépose au fond à gauche, sur une chaise, près de la porte.*

DAVIS. Ah! merci, mon excellent monsieur, merci, d'avoir empêché vos gens de me jeter dehors!

PATRICK. Mes gens!

DAVIS. C'est qu'ils me secouaient rudement!... on a bien raison de le dire, les laquais ont toujours plus d'orgueil que leurs maîtres.

PATRICK. Je les mettrais de bon cœur à la porte. Ah! si j'étais à la place de mylord, mon glorieux ami...

DAVIS. Vous êtes l'ami de mylord Bleston?

PATRICK. Et de la maison... je vais et je viens sans qu'on fasse attention à moi. Voyons, qu'est-ce que je peux faire pour ton service?

DAVIS. Vous pouvez tout, monsieur; c'est le ciel, comme dit ma bonne tante, qui vous a placé sur mon chemin!... bien sûr il va m'arriver quelque chose d'heureux! et il est temps, voyez-vous; car la force commence à me manquer; ce n'est pas étonnant, je viens de faire près de trois cents milles, et toujours à pied.

PATRICK, *lui avançant la chaise qui est près de la table.* Pauvre garçon!... prends un chaise, fais comme chez moi.

DAVIS, *s'asseyant à la table*.* Ah! ce ne sont pas les jambes qui sont le plus fatiguées, c'est ma pauvre tête, qui travaille toujours.

PATRICK. Ah! ta tête travaille aussi, à toi... et tu as entrepris tout seul une si longue route, par le froid qu'il fait!... tu aurais dû attendre... dans quelques jours on ne saura plus ce que c'est que le froid... Chut! je ne veux pas lui dire...

DAVIS. Je n'ai pas fait attention au temps, non, monsieur, ni à la longueur de la route. Oh! je pensais à bien d'autres choses. En chemin, dans les endroits où la lassitude me forçait de m'arrêter, je travaillais à un petit tableau que j'ai composé de souvenir... je crois que c'est ce que j'ai fait de mieux... j'y ai mis toute mon âme, d'abord. En arrivant à Londres, je me suis arrêté sur la place, pour m'informer... c'est là que vous m'avez trouvé, et vous avez nommé lord Bleston... je me suis rappelé ce nom-là... un grand propriétaire de chez nous, un protecteur des Irlandais!... Cela m'a rendu de l'espoir, du courage, je suis vite accouru, je vous ai trouvé là, monsieur; vous, un homme bon, généreux, une providence!... Vous allez me présenter à mylord.

PATRICK. Te présenter!... certainement, car tu m'intéresses... seulement, il y a une petite difficulté.

DAVIS. Puisque vous êtes son ami.

PATRICK. Oui, mais je ne le vois jamais; mon glorieux ami ne me reçoit pas; c'est le seul reproche que j'aie à lui faire.

DAVIS. Ah! mon Dieu!

PATRICK. A moins d'être un personnage influent, un prince, un ministre ou un médecin, pas possible de parvenir jusqu'à lui.

DAVIS. Oui, je comprends; de loin, protecteur des Irlandais, ami des arts... ça sonne bien, tous ces mots-là!... mais de près, quand on n'est rien et qu'on n'a rien, à quel titre importuner un grand seigneur? J'aurais dû prévoir cela et ne pas venir là comme... Je ne vous en veux pas, à vous; ce n'est pas votre faute si sur les trois mots que vous m'avez dits je me suis exalté la tête, c'est mon défaut, je tâcherai de n'y plus retomber... Adieu*...

PATRICK. Allons donc, mon garçon, ne vas-tu pas te désoler?... tu ne sais donc pas à qui tu parles? dispose de moi.

DAVIS. De vous!

PATRICK. Pas aujourd'hui; mais demain, après-demain, un de ces jours, j'aurai des millions.

DAVIS. Comment?

PATRICK, *montrant son papier.* « En dilatant la vapeur au degré indiqué là... » Tu comprends...

DAVIS. Oh! rien du tout! excusez-moi... j'ai l'esprit si faible, et je suis si tourmenté; c'est une expérience, n'est-ce pas?... je désire de tout mon cœur que ça réussisse, mon cher monsieur; car vous avez l'air si bon!

* Davis, Patrick.

* Patrick, Davis.

Je suis bien content de vous avoir vu... mais puisque je n'ai plus rien à attendre ici...

Il va pour sortir.

PATRICK. Où vas-tu?

DAVIS. Je n'en sais rien... à la grâce de Dieu!

PATRICK. Pas du tout, je ne veux pas que tu sortes comme ça... Avec son air... sa physionomie renversée, il serait capable de faire un coup de tête... Veux-tu bien rester là?... quelle idée! Je vais parler au docteur.

DAVIS. Le docteur?

PATRICK. Eh oui, c'est le protecteur qu'il te faut... le factotum de mylord... Je suis le premier échelon, vois-tu, et lui le second... Justement le voici; je vais te recommander; un mot de moi, et tu verras...

SCÈNE VIII.

LES MÊMES, ANDREWS*.

ANDREWS, *à part, en entrant.* Conçoit-on cela? une nouvelle syncope, et plus terrible encore que les autres! à quel propos?... au milieu de la lecture de ce roman nouveau, *le Jeune Irlandais.* En vérité, cela devient alarmant! (*Apercevant Patrick.*) Encore ici?

PATRICK. Voici d'abord la première partie de mon mémoire.

ANDREWS, *lui arrachant le papier, et s'asseyant à la table.* C'est bon! c'est bon!

PATRICK. Je vous présente ensuite un pauvre garçon de mes amis, qui...

ANDREWS. Eh! qu'on me laisse!...

DAVIS, *bas, à Patrick.* Qu'est-ce qu'il dit?

PATRICK, *à Davis.* Là... te voilà introduit; tu n'as plus qu'à aller tout seul... parle à monsieur.

DAVIS. Mais...

PATRICK. Quand tu voudras me voir, voici mon adresse: Patrick, Pall-Mall-street, n° 10, au-dessus des remises. Aujourd'hui encore dans un grenier; quelque jour dans un brillant hôtel... Je te laisse, il faut que je trouve ma force secondaire. Bonjour, bonne chance.

Il sort par le fond, à gauche.

SCÈNE IX.

DAVIS, ANDREWS.

DAVIS, *au fond.* Eh bien, il s'en va, il me laisse là?

ANDREWS, *assis devant la table.* Mon cher confrère ne se compromet pas... il me laisse le soin de rédiger la consultation. D'abord, je ne veux pas qu'il s'éloigne... diable!... c'est qu'en cas de malheur, moi, qui suis lié avec l'héritier dépossédé, j'ai besoin d'être en règle!... et je ne peux pas me dissimuler le danger.

DAVIS, *à part.* Du danger!... Ah! mon Dieu!... il y a quelqu'un de malade ici!... et moi qui viens... j'ai bien pris mon temps!

Il fait quelques pas pour sortir.

ANDREWS, *se retournant.* Qui est là? que me veut-on?

DAVIS, *troublé.* Pardon... c'est moi...

ANDREWS. Qui êtes-vous? pourquoi me déranger?... qu'est-ce qui vous amène?... parlez...

DAVIS. Oui, monsieur... c'est moi... vous savez bien... le protégé de...

ANDREWS. Ah! de cet original.

DAVIS. Oui, monsieur... je m'appelle Davis... j'arrive d'Irlande, et je me suis permis de venir ici... oh! bien mal à propos; puisque vous êtes médecin, votre temps est précieux... vous le devez à ceux qui souffrent... Ce n'est pas l'embarras, je souffre bien aussi, moi, là et là. (*Montrant sa tête et son cœur.*) Mais ce n'est pas pour cela que je suis venu... Voyant qu'on m'accueille mal partout, et qu'ici... je... j'avais l'espoir que... mais... je vous demande bien pardon de vous avoir dérangé.

ANDREWS. C'est incroyable, qu'on laisse entrer ainsi les premiers vagabonds venus!...

DAVIS, *s'arrêtant.* Monsieur?

ANDREWS. Bientôt nous ne serons plus en sûreté dans nos hôtels!

DAVIS, *revenant.* Plaît-il? c'est de moi que vous parlez? de moi! Davis, un vagabond! un malfaiteur!... ah! monsieur, vous serez fâché d'avoir parlé ainsi quand vous me connaîtrez mieux... Je suis peintre, monsieur, je suis artiste.

ANDREWS. Artiste... ah! oui... il n'en manque pas ici!... quelque peintre d'enseignes.

DAVIS. C'est possible, monsieur: je ne serais qu'un ouvrier, du moment que j'emploie mon temps, on n'a pas le droit de me traiter de vagabond... oh! c'est que j'ai ça sur le cœur! et avant de m'en aller de ce que vous appelez votre hôtel, je veux vous montrer ce que j'ai fait pendant mon voyage.

Il va prendre un petit tableau dans la boîte.

ANDREWS, *se levant**. Eh! non, non!

DAVIS. Si fait, si fait!... vagabond! tenez! vous le verrez...

ANDREWS, *prenant le tableau.* Ce petit tableau... ah! mon Dieu! qu'est-ce que je vois là?

DAVIS. Des défauts!...

* Andrews, Patrick, Davis.

* Davis, Andrews.

ANDREWS, *à part, regardant toujours.* Il se pourrait?.... cette ressemblance!.... oui... je ne me trompe pas... (*A Davis.*) Dites-moi, mon cher, quel est le sujet de ce tableau?

DAVIS. Une scène de famille... une scène de bonheur... Oh! oui, de bonheur!... car la voilà, elle, ma sœur, qui chante en s'accompagnant au clavecin...

ANDREWS. Ah!... votre sœur!...

DAVIS. Ma sœur de lait, ma compagne d'enfance; oui, monsieur; voyez comme elle est jolie! avec sa robe de paysanne!... Voilà ce qui a fait ma réputation là-bas pour les têtes de vierges... Pourtant, monsieur, je n'ai pas tout mis sur cette toile; il y manque ce je ne sais quoi d'angélique, de céleste...

ANDREWS. Plus je regarde, et plus je... (*A part.*) Une paysanne cependant...

DAVIS, *montrant le tableau.* Et moi, tenez, me voilà aussi, le pinceau à la main, travaillant à côté d'elle..... vous ne m'aviez peut-être pas reconnu.... ce n'est pas étonnant; je me suis peint tel que j'étais autrefois... mais je dois être bien changé, à cause du chagrin...

ANDREWS. Du chagrin?.... vraiment?.... Eh bien, jeune homme, confiez-moi donc ça... qu'est-ce que c'est? qu'est-ce qui vous est arrivé?... Voyons, je suis tout disposé à vous entendre.

DAVIS. Vous! comment? cela vous intéresse donc à présent?

ANDREWS. Si cela m'intéresse!.... oh! beaucoup plus que vous ne pouvez croire... Eh bien, mon jeune ami?

DAVIS. Eh bien, j'avais été élevé avec elle chez ma tante, une simple fermière du comté de Wexford.... nous étions pauvres; moi, je suis orphelin, et Paméla, abandonnée par sa famille...

ANDREWS. Paméla?

DAVIS. C'est son nom.

ANDREWS. Ah!...

DAVIS. Vous dites...

ANDREWS. Rien...

DAVIS. Quoique pauvres, qu'est-ce qui nous manquait? Le matin, en me levant, c'était elle que je voyais la première, à sa fenêtre, et j'allais lui offrir un bouquet de marguerites; elle me le rendait chaque soir après l'avoir porté... et je le gardais précieusement jusqu'au lendemain.... Vous riez de ça, monsieur; eh bien, c'était mon bonheur!.... et puis quand venaient les leçons, les études!.... car des personnes inconnues avaient remis de l'argent à ma tante pour faire venir de Dublin les premiers maîtres... Moi, je partageais les leçons avec Paméla.... je prenais mes pinceaux, elle s'asseyait au clavecin; et je travaillais.... en l'écoutant... des airs de notre pays, des airs si doux!.... rien que d'y penser, ça me fait venir les larmes aux yeux... Nous passions comme ça des journées entières... Voilà le sujet du tableau...

ANDREWS, *posant le tableau sur le canapé.* Fort bien... c'est très-touchant... mais depuis ce temps-là, qu'est-il donc survenu?

DAVIS. Je n'en sais rien, monsieur.

ANDREWS. Comment?

DAVIS. Mon Dieu, non...... Un soir j'étais allé porter un petit tableau au vicaire de notre paroisse, un excellent homme qui trouvait bien tout ce que je faisais, et qui m'encourageait toujours.... Quand je revins, je ne trouvai personne à la maison; ce n'était pourtant pas l'heure de la promenade..... J'appelais, je courais de tous côtés; une voisine survint, qui me remit une lettre de ma tante. Je la sais par cœur.... je l'ai tant relue. « Mon pauvre enfant, obligée de partir avec Paméla, j'ai craint que ses adieux ne te fissent trop de peine..... ne t'informe pas où je suis allée... demande à Dieu le courage dont nous avons tous besoin; tu sauras tout quand je reviendrai... » Quand je reviendrai!... elle devait donc revenir seule!... Je restai anéanti sous le coup... puis j'eus la fièvre, le délire, je ne sais... la voisine était effrayée. A peine guéri, je partis pour suivre ses traces; enfin me voici à Londres, dans cette grande ville où je ne connais personne... C'est égal... qu'est-ce que je demande? du travail pour attendre... Si je ne suis qu'un mauvais peintre, eh bien, j'essayerai autre chose, tout ce qu'on voudra, pourvu que je la retrouve.... et si je ne la retrouve pas, soyez tranquille, allez, je n'aurai bientôt plus besoin de rien.

ANDREWS. Diantre! quels événements!... pauvre jeune homme! Et vous n'avez jamais connu les parents de cette jeune fille?...

DAVIS. Jamais, monsieur!.... ils l'avaient abandonnée, oubliée... Et de quel droit maintenant voudraient-ils nous la reprendre à nous qui l'avons aimée pendant quinze ans? ça ne se peut pas, monsieur; on ne vient pas dire à de pauvres gens : Hier vous étiez ses seuls amis, ses seuls parents; aujourd'hui nous voilà pour prendre votre place. N'est-ce pas, monsieur, ce serait une injustice? et vous ne l'approuveriez pas, ni mylord non plus, j'en suis sûr!...

ANDREWS. Mylord!..... je lui parlerai de vous...

DAVIS. Est-il possible?...

ANDREWS, *reprenant le tableau.* Oui.... peut-être aujourd'hui même sera-t-il question de votre tableau.... Je veux aussi en toucher quelques mots à lord Liverdale... un parent de mylord... que nous attendons....

DAVIS. Ah! que de bontés!...

ANDREWS, *à part.* Oui, je puis le faire venir, car à présent je tiens le fil... (*Haut.*) Ne vous éloignez pas, jeune homme ; on peut avoir besoin de vous...

DAVIS. Comment?

ANDREWS. Je veux dire.... qu'on pourra vous aider à retrouver celle que vous cherchez...

DAVIS. Vous? comment! vous voudriez... (*Lui sautant au cou.*) Ah! mon cher monsieur! ce serait vrai! vous pourriez me la rendre!... Ah! c'est que depuis que je l'ai perdue je n'ai plus de bonheur que dans mes rêves... car alors je la vois toujours devant mes yeux... Ah! la joie, la reconnaissance!... mon sauveur!... vous qui aviez d'abord l'air si rude, si méchant!...

ANDREWS. Hein!

DAVIS. Mais à présent!.... ô Dieu! vous êtes un ange pour moi!

ANDREWS. Fort bien.... je vous laisse.... restez ici un instant, et bientôt je viendrai vous retrouver.

Il sort par la droite.

SCÈNE X.

DAVIS, *seul.*

Quel bonheur! quelle joie! ah! puis-je le croire? qu'est-ce qu'on me disait que les hommes ici étaient durs et sans pitié!... En voici deux que je rencontre, deux étrangers, deux inconnus qui me traitent presque comme un frère. Oh! que je voudrais déjà la chercher, la découvrir!... En songeant à cela, je ne sens plus la fatigue... j'irais!... j'irais au bout du monde... (*Il marche à grands pas.*) Mon sang bouillonne..... c'est comme une fièvre!... Oh! la joie, c'est comme la douleur... ça vous porte là au cerveau!... O Dieu! dans des moments comme ceux là, il semble qu'on s'emparerait du monde entier!... il semble qu'on serait capable de tout; oui, donnez-moi un pinceau..... et je ferai des chefs-d'œuvre!

SCENE XI.

BRIDGET, DAVIS.

BRIDGET, *entrant par le fond à droite sans voir Davis.* Il faut absolument que je parle à mylord... la pauvre enfant!...

DAVIS, *se retournant.* Quelqu'un!..... Ah! mon Dieu! ma tante!..

BRIDGET. Davis!... lui!... est-ce possible?

DAVIS. Ma tante! quel bonheur!...

BRIDGET. Comment, c'est toi!...

DAVIS. Oui, moi, Davis, votre neveu, votre enfant!... et vous ne m'embrassez pas!... ah! ma bonne tante! (*Il l'embrasse.*) Mais, dites-moi donc comment il se fait que je vous retrouve ici, vous?... par quel hasard? depuis si longtemps que je ne vous ai vue?... pourquoi ce départ? ce voyage? Et Paméla?... où l'avez-vous conduite? où la reverrai-je?

BRIDGET. Davis..... c'est mal, tu m'as désobéi...

DAVIS. C'était plus fort que moi, pardon... mais je vous en prie, expliquez-moi...

BRIDGET, *embarrassée.* C'est que... avant de retourner au pays... je suis venue payer à mylord la redevance de sa petite ferme.

DAVIS. Mais... Paméla?...

BRIDGET. Je voulais repartir ce soir.

DAVIS. Seule?

BRIDGET. Nous repartirons tous les deux...

DAVIS. Seuls? Ah! vous ne me dites pas où est Paméla!

BRIDGET. Paméla! sa famille l'a rappelée... il a fallu obéir... je l'ai conduite...

DAVIS. Dans le pays de Galles, d'abord... Je le sais, j'en viens... mais après?...

BRIDGET. Après on m'a séparée d'elle si brusquement...

DAVIS. Ma tante... la vérité!... vous êtes une femme pieuse.... vous avez toujours eu horreur du mensonge... Au nom du ciel, répondez-moi.. Où est Paméla?...

BRIDGET, *avec effort.* Je... je l'ignore...

DAVIS. Mais cette famille enfin?...

BRIDGET. Une famille puissante... et puisqu'il faut te l'apprendre, son père était un lord, un grand seigneur... et sa mère, une Irlandaise... pauvre comme nous.

DAVIS. Se peut-il!

BRIDGET. On avait caché sa naissance.... mais par une suite d'événements, ce sera une riche héritière... Et tu voudrais troubler son bonheur?

DAVIS. Son bonheur!... Elle!... heureuse sans moi! c'est impossible!... mais je serais lord et pair des trois royaumes, je serais riche à millions..... est-ce que je pourrais être heureux loin d'elle? Rien qu'à cette seule idée de séparation, ma tête, ma pauvre tête...

BRIDGET. Calme-toi, calme-toi... Eh bien, mon enfant, nous chercherons ensemble..... aujourd'hui même...

DAVIS. Ah! ma mère... Oui, n'est-ce pas, sur-le-champ?

BRIDGET. Je te le promets.... Mais d'abord sortons d'ici...

DAVIS. Ah! vous me rendez la vie!...

Ils vont pour sortir.

SCÈNE XII.

LES MÊMES, PATRICK *.

PATRICK, *en entrant.* Je l'ai trouvée!

DAVIS. Qui donc?

PATRICK. Ma force secondaire.

DAVIS. Ah!

PATRICK. Où est donc le docteur... que je lui explique...

DAVIS. Le docteur... il est par là... Mais pardon...

PATRICK. Ah! auprès de miss Paméla, sans doute **...

DAVIS. Paméla?...

PATRICK, *à Bridget.* Qui était ici avec vous tout à l'heure...

DAVIS, *à Bridget.* Avec vous?...

BRIDGET, *à part.* Ah! mon Dieu!...

PATRICK. La nièce de mylord Bleston.

DAVIS. Sa nièce!...

BRIDGET. Ne l'écoute donc pas... sait-il seulement ce qu'il dit?... Viens...

DAVIS. Mylord Bleston!.. le seigneur de nos contrées!... et sa nièce... elle était avec vous!... Et vous, ma tante, vous veniez de ce côté... Ah! je vois tout... c'est elle!... c'est elle!...

BRIDGET. Davis!...

DAVIS, *frappé d'une idée.* Ah! mon Dieu!... malade!... en danger!... Oh non, ce n'est pas elle, n'est-ce pas? dites-moi que je me trompe... Vous vous taisez... (*Bruit de sonnette.*) Ce bruit... (*Des valets passent au fond du théâtre.*) cette agitation... Ah! c'est Paméla! elle souffre, elle meurt peut-être, et je suis là... Oh! je veux la voir...

BRIDGET. Mon fils!

DAVIS. Laissez-moi...

BRIDGET. Prends garde!...

DAVIS. Laissez-moi... Ma sœur!... ma sœur!...

Il s'échappe par le fond à droite.

BRIDGET, *à Patrick.* Ah! qu'avez-vous fait?... et quels malheurs vous avez causés! Davis!... Davis!...

Elle sort du même côté que Davis.

SCÈNE XIII.

PATRICK, *seul.*

Eh bien, à qui en ont-ils donc?... Des malheurs dont je serais cause!... Qu'est-ce que j'ai fait, moi? j'ai dit que j'avais trouvé ma force secondaire... et c'est là-dessus qu'ils se sont monté la tête... Ma sœur! ma tante!.. Ce petit bonhomme est d'une pétulance!... (*Il va à la porte.*) Traverser en courant tous les appartements... entrer dans celui de la malade!... Quelle effroyable inconvenance! Le voilà qui revient... oui... pâle, en désordre!... Ah mon Dieu! qu'est-il donc arrivé?...

SCÈNE XIV.

PATRICK, DAVIS.

DAVIS, *dans le plus grand désordre.* Paméla!... Paméla!...

PATRICK. Qu'est-ce que c'est, mon pauvre garçon?

DAVIS, *respirant à peine.* Je l'ai vue... elle a poussé un cri... elle a fait un effort... puis elle est retombée .. On m'a chassé... moi, j'ai résisté... Et puis elle a voulu parler... puis... un soupir... le dernier... Ah!...

Il tombe sans connaissance sur le canapé à gauche.

PATRICK. Ah mon Dieu!... au secours!... quelqu'un!... Ah bien, oui, dans le désordre où est la maison... Davis, mon pauvre Davis!... Il y a deux médecins ici... il ne faut pourtant pas le laisser mourir comme ça... parce que c'est un pauvre diable... moi, je l'aime déjà de tout mon cœur... Davis!... ah! le voilà qui se ranime un peu... je vais aller chercher du secours... un médecin... Tout seul je ne suis bon à rien... Eh! John... deux guinées... trois guinées... Ah! je n'en ai plus... Je reviens...

Il sort.

SCÈNE XV.

DAVIS, *seul.*

Musique. Il se ranime peu à peu, porte ses mains à son front, regarde autour de lui, et éclate de rire.

Ha! ha! ha! que c'est donc ridicule de croire comme cela à ce que l'on rêve!... Ah! quel bonheur d'être réveillé!... j'en tremble encore, tant c'était affreux... Est-ce que je ne m'étais pas figuré que Paméla... (*Se tournant vers la droite.*) Eh mais, la voilà... qui descend l'escalier de sa petite chambre... Viens donc, viens, ma sœur, mon amie, ma bonne Paméla, que je te raconte... (*Il se lève.*) Tu ne sais pas?... je rêvais... où va-t-on chercher tout ça?..... Je rêvais que tu étais chez un lord... à Londres!... tu étais malade, très-malade, et moi j'étais

* Davis, Bridget, Patrick.

** Patrick, Davis, Bridget.

entré comme un insensé, je me suis penché sur ton lit... et toi, mourante, tu as poussé un cri!... Eh bien, non, non, non, je suis réveillé, ne t'effraye pas, c'est fini... je n'en parlerai plus... Ce matin tu as trouvé ton bouquet de marguerites, n'est-ce pas?... oui, je le vois là à ton côté... Tu me le rendras ce soir... après l'avoir porté... (*S'avançant.*) Ma bonne sœur, que tu es charm... si tu voulais... sur ce front si pur... (*On entend le bruit d'une sonnette.*) Partie!... elle est partie!... non!... la voilà!... reste, reste... je vais travailler à ton portrait. La jolie tête!... Ah! quel bonheur!.. cette expression que je cherchais je la trouverai cette fois... Et toi, si tu étais bien bonne, tu me chanterais pendant ce temps-là ce joli air... (*Faisant comme s'il l'écoutait.*) Oui... celui-là... (*L'orchestre joue l'air que Paméla a chanté au commencement de l'acte.*) Je l'entendrais toujours sans me lasser...

Il reste comme en extase les yeux fixés à droite sur le même point.

SCENE XVI.

DAVIS, BRIDGET.

BRIDGET. Encore ici!... Davis!... malheureux enfant!...

DAVIS. Chut! taisez-vous... laissez-moi l'écouter...

BRIDGET. Qui?

DAVIS. Paméla.

BRIDGET. Paméla?

DAVIS. Tenez, elle se tait! Pourquoi venir l'interrompre?... (*S'adressant à celle qu'il croit voir.*) Je t'en prie, ne t'en va pas...

BRIDGET. Mais à qui donc parles-tu?

DAVIS. A Paméla.

BRIDGET. Tu la vois?

DAVIS. Là... là, à ce clavecin. Tenez, elle nous sourit.

BRIDGET. Ah! mon Dieu! il ne manquait plus que ce malheur-là... (*L'embrassant.*) Mon enfant, reviens à toi, reconnais-moi, mon pauvre Davis...

DAVIS. Hein? que voulez-vous?... laissez-moi...

BRIDGET. Seule avec lui! comment faire!.. personne!... Ah! monsieur le docteur!... monsieur le docteur!...

SCENE XVII.

LES MÊMES, PATRICK, ANDREWS *.

PATRICK. Le voilà, le voilà... je vous l'amène.

ANDREWS. Qu'y a-t-il?

BRIDGET, *avec désespoir.* Ah! monsieur le docteur!... sauvez-le!... sauvez-le!... il est fou!...

PATRICK. Il est fou!... pauvre garçon!...

ANDREWS. Quel nouvel embarras!... au milieu de ce désordre... conduisez-le chez moi!

BRIDGET, *à Davis.* Viens, mon enfant, viens avec moi.

DAVIS. Où donc?

BRIDGET. Chez quelqu'un qui aura bien soin de toi.

DAVIS. Oui, je veux bien, si Paméla vient aussi.

BRIDGET. Paméla?

DAVIS, *regardant du côté où il croit voir Paméla.* Veux-tu venir?... oui?... où nous allons?... je ne sais pas, mais du moment que tu es avec moi!... (*Bridget lui prend le bras.*) Oui, oui... elle nous accompagne... marchons... où vous voudrez!...

Il chante et rit.

BRIDGET. Mon pauvre enfant! quel malheur!

DAVIS. Ah! je suis bien heureux!

Andrews hausse les épaules, Patrick et Bridget se regardent avec douleur.

* Davis, Bridget, Andrews, Patrick.

ACTE DEUXIEME.

Une salle basse dans une petite ferme. Mobilier très-simple. Porte au fond. Deux portes à gauche, une à droite. Un piano à droite, un fauteuil à gauche. Un chevaletà gauche, en arrière. Au dessus de la porte à droite, une Madone.

SCÈNE PREMIÈRE.

BRIDGET *travaillant*, PATRICK.

PATRICK, *entr'ouvrant la porte du fond.* Pst! Pst! bonjour, voisine.

BRIDGET. Ah! c'est vous, mon pauvre Patrick; entrez; ce n'est pas la peine de prendre tant de précautions, je suis seule.

PATRICK. Davis est déjà sorti.

BRIDGET. Comme à l'ordinaire, pour sa promenade du matin.

PATRICK. Moi qui craignais de le réveiller!

BRIDGET. Lui! mon pauvre enfant! est-ce qu'il dort jamais à cette heure-là? toutes ses nuits se passent sans qu'il puisse fermer l'œil... il ne se couche même pas... et dès que le jour paraît, il quitte la maison. Voilà trois mois, trois mois entiers que nous vivons ainsi... depuis le jour où j'allai le chercher à Londres, quand le docteur m'eut annoncé qu'il était complétement guéri!... Par quel caprice êtes-vous le seul, monsieur Patrick, dont il puisse souffrir l'approche? Comme c'est heureux que vous soyez revenu en Irlande la semaine dernière!...

PATRICK. Ramené par une pensée nationale!... Autrefois, vous le savez, ne pouvant faire agréer mes projets à lord Bleston, je m'embarquai pour l'Amérique le jour même où cette pauvre jeune miss succomba...

BRIDGET. Oui, où elle succomba... chut! ne parlez jamais de ce malheur-là devant Davis... ne prononcez jamais ce nom!.. Quel souvenir! il n'en faudrait pas davantage pour renouveler des accidents, tandis qu'à la longue... j'espère...

PATRICK. Oh! n'ayez pas peur... j'ai bien d'autres sujets de conversation... le prodigieux succès de mon invention, là bas, en Amérique, les magnifiques résultats dont j'ai voulu doter mon pays, les richesses que j'ai rapportées, richesses immenses, mobilières, toutes en papier.

BRIDGET, *à part.* Et en imagination.

PATRICK. C'est extraordinaire!... les millions affluent dans mes mains... Je roule sur l'or, et je vis comme un prince...

BRIDGET, *à part.* Aux frais de la paroisse... Deux schellings par semaine.

PATRICK. Et tout cela, grâce à ma découverte!... c'est qu'elle a changé la face de la terre... voyez plutôt comme les rues sont chauffées maintenant!...

BRIDGET, *à part.* Je crois bien! au mois de juin!

PATRICK, *avec enthousiasme.* Je suis roi du monde, par la grâce du calorique!...

AIR : *L'Écu de six francs.*

Je donne à mon pays, au monde,
Un bien-être artificiel,
Une prospérité féconde
Et le printemps perpétuel.
Enfin par une heureuse fraude,
Au ciel dérobant ses secrets,
J'aide la nature, et je mets
Tout l'univers en serre chaude.

Voulez-vous un ciel d'Italie? le voilà. Un ciel d'Espagne? chauffez!... Un ciel d'Amérique? poussez la vapeur! en plein air, on ne craint pas les explosions.

BRIDGET, *à part.* Le pauvre homme!

PATRICK. Et je n'en suis pas plus fier! vous me trouverez toujours dans la prospérité ce que j'ai été dans l'infortune... Seulement, je suis plus gai, plus épanoui... quand on a terrassé l'envie!... Enfin! tout le bien que je rêvais, je puis le faire aujourd'hui; je répands des bienfaits, je recueille des bénédictions, et ça me réjouit le cœur.

BRIDGET, *à part.* Sa tête est tout à fait perdue!... le voilà comme était mon pauvre Davis!

PATRICK. Eh bien, le croiriez-vous? j'ai trouvé des ingrats, des envieux qui niaient effrontément que je fusse devenu riche pour se dispenser de me faire leur compliment!... Davis, au contraire, m'écoute avec intérêt, il me félicite à chaque instant, il me confirme dans mes idées... Voilà un ami! Je possède toute sa confiance... enfin, voyez!... il n'a jamais voulu recevoir ses lettres, encore moins les décacheter... jusqu'à présent, c'était le vicaire qui se chargeait de cela... Eh bien, maintenant il ne veut même plus du vicaire; c'est moi qui ouvre sa correspondance et qui lui en rend compte.

BRIDGET. A propos, mon cher Patrick, le vicaire ne vous a pas remis une lettre de Londres... une réponse au sujet d'un tableau?..

PATRICK. Non... comment?... un tableau

de Davis!... Je ne vois jamais ici que des ébauches...

BRIDGET. Oui, car son travail... il le cache; tous les jours, il vient s'asseoir là... devant son chevalet, comme autrefois... il a voulu que rien ne fût changé ici... puis l'ouvrage terminé... il l'enferme et ne le regarde plus... Mais n'allez-vous pas le rejoindre? Je tremble toujours quand il est seul... et je n'ose le suivre... un jour qu'il m'a vue, il s'est mis dans une colère!

PATRICK. De quel côté est-il allé?

BRIDGET. Il a pris par le ravin, et doit être, comme toujours, à la grotte de Dwyne.

PATRICK. Bon!

Il remonte comme pour sortir.

BRIDGET, *à part.* Le faire surveiller par un fou!... il le faut bien!

PATRICK, *revenant**. Je vais lui communiquer une idée... une idée de la plus haute importance!

BRIDGET. Encore une invention?

PATRICK. Non, c'est fini, je me repose, à présent que je suis riche; mais j'éprouve le besoin de m'établir... Je cherche une femme, et je crois que je l'ai trouvée.

BRIDGET. Comment?

PATRICK Figurez-vous qu'hier au soir je me promenais dans l'avenue de ce magnifique château inhabité d'où dépend cette ferme, et qui appartient à lord Bleston... J'ai quelque idée de l'acheter...

BRIDGET. Eh bien?

PATRICK. Eh bien, à l'entrée de cette avenue, j'ai aperçu une jeune dame...

BRIDGET. Une jeune dame!... Ah! mon Dieu!

PATRICK. Qui paraissait arriver de voyage... elle était suivie de deux ou trois laquais... Je la salue... Elle se tourne alors... une figure charmante!... que j'ai déjà vue quelque part assurément!... Je voulais lui parler... mais elle pose son doigt sur sa bouche en signe de discrétion, et s'éloigne... Je suis resté là, sur place, charmé... enchanté, et si les convenances s'accordent avec la vivacité de mes sentiments, je lui ferai proposer ma main et ma fortune... Bonjour, voisine... (*Allant à la porte.*) Eh mais, qu'est-ce que je vois?... là-bas... la voilà.

BRIDGET. Qui donc?

PATRICK. Cette dame... elle descend de voiture... elle regarde autour d'elle, elle vient de ce côté... Tenez...

BRIDGET, *regardant.* Ah! mon Dieu!... c'est elle!

PATRICK. Plaît-il? vous la connaissez!...

BRIDGET. Elle! dans ce pays! chez moi!... quelle imprudence.

PATRICK. Dites donc, elle m'aura vu entrer ici... elle vient peut-être vous demander quelques renseignements.

BRIDGET. Oui, oui; sortez par cette autre porte, par le corridor... je vous prie; laissez-moi avec elle.

PATRICK. C'est juste... par discrétion... Je compte sur vous, au moins; vous connaissez l'état de mes affaires, ainsi...

Il sort à droite.

BRIDGET, *à part.* Risquer de le rencontrer!... O Dieu!.. tout ce que j'ai fait serait détruit.

* Patrick, Bridget.

SCENE II.

BRIDGET, LA DUCHESSE. UN VALET *au fond.*

LA DUCHESSE. Bridget!

Elle se jette à son cou, elles se tiennent un instant embrassées.

BRIDGET, *au Valet.* Je vous en prie, veillez bien, là, en dehors, et si quelqu'un approche, ne manquez pas d'avertir... (*Le Valet sort. Elle referme la porte avec soin. Pendant ce temps la duchesse s'est débarrassée de son chapeau.*) Vous, milady! vous ici!...

LA DUCHESSE. Oui, c'est moi, Bridget!... Dès que j'ai été libre, je suis revenue en Irlande, ici, chez toi.

BRIDGET. Quoi? votre oncle...

LA DUCHESSE. Je l'ai perdu!...

BRIDGET. Et vous êtes duchesse de Bleston!... et moi... votre vassale...

Elle s'incline.

LA DUCHESSE. Ma mère, toujours ma mère!

Elle l'embrasse.

BRIDGET, *attendrie.* Paméla!

LA DUCHESSE. Oui, ma bonne mère, je suis encore cette Paméla que tu as nourrie, et qui a passé près de toi ses premières années, ses plus belles... il me semble que je les retrouve quand je regarde autour de moi... Voici le vieux clavecin sur lequel j'étudiais auprès de Davis... cette table, c'est celle que je préparais pour nos repas de famille... ce chevalet, c'est le sien... Ah! je suis toute tremblante.

AIR *du fou de Tolède.*

Humble chaumière, ah! tu gardes les traces
De mon bonheur!
Quels souvenirs, quels moments tu retraces,
Doux à mon cœur!
Tous ces objets, ces muets témoignages,
Connus déjà,
Et du passé les riantes images,
Sont toujours là,
Oui, toujours là!

Enfin, Bridget, c'était là que je m'agenouillais devant l'image de notre sainte patronne...

BRIDGET. Elle vous a protégée, ma fille, vous voilà devenue une noble et grande dame...

LA DUCHESSE. Oui ; tu sais qu'après cette crise, cette crise dangereuse qui me tint si longtemps entre la vie et la mort, et dont je ne me rappelle rien, si ce n'est des visions confuses, tu sais que mon oncle m'adopta, et qu'ainsi furent déjouées toutes les intrigues qui s'attaquaient à mon origine... tu sais aussi qu'en retour de ce bienfait, je refusai de le quitter et d'épouser ce riche ambassadeur... Mais ce que tu ne sais pas, ce que je ne savais pas moi-même, c'est qu'il y avait autour de moi comme une sorte de conspiration pour me cacher la vérité sur votre sort... Davis, me disait-on, était allé en Amérique pour chercher fortune; et je le croyais, moi, lorsqu'un jour, c'était ma première sortie, on me mena dans la galerie de Londres, voir des tableaux nouvellement exposés... Arrivée devant celui qui commandait l'admiration de la foule.. une sainte Thérèse.. je crus reconnaître... oui, je reconnus... tu sais, Bridget, la figure qui se retrouvait dans tous ses tableaux... Je doutais encore... mais autour de moi... chacun se retournait, on me regardait en murmurant tout bas : C'est elle, c'est elle!... Ce tableau était de lui...

BRIDGET. Oui, c'est moi qui, sur les instances de notre bon vicaire, l'ai envoyé à Londres à l'insu de Davis.

LA DUCHESSE. C'est un chef-d'œuvre! Le lendemain je m'informai auprès de quelques artistes de notre cercle. Figure-toi ce que je devins quand on m'apprit que ce fameux peintre Davis, tout jeune encore, avait été pendant plus d'un mois privé de sa raison... Oui, Bridget, mon frère; l'ami de mon enfance avait été là, à Londres, près de moi, dans quelle maison, grand Dieu! et je n'en avais rien su!... Hier je suis arrivée au château, et ce matin me voilà... J'ai amené avec moi le médecin de ma maison... le docteur Andrews, celui qui l'a soigné... et qui l'a guéri, n'est-ce pas?

BRIDGET. Oui, grâce à Dieu!

LA DUCHESSE. Quelle était donc la cause de cet accident? L'excès de travail, l'exaltation peut-être?

BRIDGET. Oui, oui, c'est cela...

LA DUCHESSE. Se souvient-il du passé? parle-t-il quelquefois de sa sœur?

BRIDGET. Non... oh! non!...

LA DUCHESSE. Ah! je comprends, il m'accuse d'oubli, d'ingratitude; mais toi, Bridget, tu ne lui parles donc pas de moi?

BRIDGET, *vivement*. Jamais.

LA DUCHESSE. Comment?

BRIDGET, *se reprenant*. Ah! c'est que... j'ose à peine lui adresser quelques mots... car moi aussi je l'importune, il me repousse. Du temps qu'il était là-bas, chez le docteur, il ne me reconnaissait pas; eh bien, je crois que j'aimais mieux ça; au moins, je ne pouvais pas accuser son cœur!

LA DUCHESSE. Est-il possible? ah! je veux le voir, lui parler!

BRIDGET. Lui parler, à lui! (*A part.*) Un pareil coup!... (*Haut.*) Oh! ne vous montrez pas, au nom du ciel!

LA DUCHESSE. Que crains-tu?

BRIDGET. Dame! quand on n'a pas de sommeil, quand on est sans cesse irrité!... Oh! s'il savait seulement qu'une étrangère est entrée ici...

LA DUCHESSE. Une étrangère, moi! sa sœur!

BRIDGET. Comme moi, sa mère... Ah! sortez, je vous en prie, avant son retour, et... (*La porte s'ouvre.*) Quelqu'un! ciel! si c'était...

JOHN, *à Bridget*. C'est le docteur Andrews.

SCENE III.

LES MÊMES, ANDREWS*.

ANDREWS. Ah! mylady, quelle imprudence! sortir de si bonne heure, à pied, contrairement à vos habitudes... exposer une santé si précieuse! (*A Bridget.*) Car aujourd'hui c'est la duchesse de Bleston, l'héritière unique et légitime des biens immenses et de tous les titres du feu lord!... Oh! c'est que j'ai contribué pour ma part à repousser les injustes prétentions de certains collatéraux...

BRIDGET. Vous?...

ANDREWS. Et vous concevez, quand on fait partie de la maison, de la famille... et qu'on est responsable...

LA DUCHESSE. Ah! docteur, quels vains ménagements m'opposez-vous, quand il s'agit de Davis, de mon frère!

ANDREWS, *à part*. Son frère! elle appelle ça son frère! un campagnard, un serf!

LA DUCHESSE. Ne mérite-t-il pas tous nos soins? un artiste plein de talent!

ANDREWS. Sans doute; j'ai vu sa sainte Thérèse, un fort bel ouvrage, dont je suis fier; car je puis dire sans vanité que c'est moi qui ai conservé Davis aux beaux-arts.

LA DUCHESSE. Et cependant il souffre encore.

* Andrews, la Duchesse, Bridget.

ANDREWS. Un peu d'abattement, je suppose...

BRIDGET. Mais, au contraire, un état d'agitation continuelle.

ANDREWS. C'est ce que je disais; c'est tout simple, les malades une fois guéris éprouvent tous une sorte de réaction.

LA DUCHESSE. Examinez-le avec soin, je vous prie ; étudiez l'état de son âme, pour en fermer toutes les blessures. Vous rendrez un fils à sa mère, vous me rendrez à moi le cœur d'un ami pour qui je donnerais, je crois, tout ce que je possède.

ANDREWS, *s'inclinant.* Mylady, mon dévouement à votre Grâce!...

LA DUCHESSE, *au Docteur.*

AIR : *Enfant que la brise embaumée* (par Labarre).

A vous, notre amour le confie,
Qu'il soit à l'abri du danger!
Contre une influence ennemie
C'est à vous de le protéger.
A Bridget.
J'attendrai là, dans la chambre si chère,
Où mon enfance autrefois s'écoula;
Avec ardeur je prierai pour mon frère,
Et j'ai l'espoir que le ciel m'entendra!

ENSEMBLE.

BRIDGET.

O Dieu! quand ma voix vous supplie,
Qu'il soit à l'abri du danger!
Contre une influence ennemie
C'est à vous de le protéger.

ANDREWS.

Celui qu'à mes soins on confie
Doit être à l'abri du danger!
Contre une influence ennemie
C'est à moi de le protéger.

La Duchesse sort à droite.

SCENE IV.

BRIDGET, ANDREWS.

BRIDGET. Ah! monsieur le docteur, je suis d'une inquiétude!... voilà le moment que je craignais.

ANDREWS. Quel moment? pourquoi?

BRIDGET. S'il apprend qu'elle existe... elle!... Paméla!...

ANDREWS. Eh bien?

BRIDGET. Mais vous ne vous rappelez donc pas ses idées, ses rêves?...

ANDREWS. Des rêves!... il m'en passe tant sous les yeux... quand on a en même temps vingt ou trente malades...

BRIDGET, *qui est allée à la porte.* Ah! mon Dieu!... c'est lui... Ne vous montrez pas encore... je vais le préparer, si je puis, à votre visite... Entrez là... je vous appellerai tout à l'heure. (*Elle le fait entrer à gauche.*) Patrick est avec lui.

SCÈNE V.

DAVIS, PATRICK, BRIDGET.

PATRICK. Vous comprenez bien... quand on est riche comme moi.

DAVIS. Certainement... vous êtes riche... très-riche, croyez-le bien...

PATRICK. Et je le deviendrai encore plus...

DAVIS. Assurément... mon pauvre Patrick.

PATRICK. Grâce à mon procédé de chaleur artificielle, je ferai par an trois, quatre, cinq récoltes, par exemple, sur les fleurs...

DAVIS. Oui, sur les fruits...

PATRICK. Sur les pommes de terre... et Dieu sait, en Irlande! je dessèche les marais, les lacs, j'y plante des pommiers, des orangers, des palmiers, et je fais éclore des poulets... Quelle prospérité!... ça n'a pas de bornes... il n'y a qu'une chose qui me tourmente...

DAVIS. Quoi donc?

PATRICK. C'est de te voir toujours aussi... simple, aussi... pauvre, passe-moi le mot... cet ameublement est d'une mesquinerie!... veux-tu que je t'associe à mes bénéfices?

DAVIS. Cela vous ferait bien plaisir, n'est-ce pas?

PATRICK. Tu as deviné.

DAVIS. Eh bien, j'accepte.

PATRICK. A la bonne heure; à présent, il ne me manque plus rien...

DAVIS, *lui prenant les mains et le regardant avec intérêt.* Excellent Patrick. (*A part.*) Est-il heureux!...

BRIDGET, *qui s'est tenue à l'écart en observant Davis. A part.* Il paraît de bonne humeur, c'est le moment de l'aborder. (*Haut.*) Davis...

DAVIS, *tressaillant.* Ah! vous étiez là!...

BRIDGET. Mon cher enfant...

DAVIS, *se reculant et emmenant Patrick dans le coin du théâtre.* Venez, Patrick, venez!...

BRIDGET, *à part.* Ah! mon Dieu!

DAVIS, *à Patrick.* Nous causions si bien!

PATRICK. Attends... j'aurais un mot à dire à Bridget au sujet de mon établissement.

DAVIS. Votre établissement, Patrick! Ah oui, vous vous mariez.

PATRICK. Il n'y a qu'une difficulté, la personne que j'aime paraît être une grande dame... et moi je ne suis pas noble...

DAVIS. Vous le deviendrez, Patrick, si vous voulez.

PATRICK. Je n'ai qu'à acheter un château.

DAVIS. Qu'est-ce que ça vous coûte?

PATRICK. Rien du tout... J'ai des fonds

dans la fameuse maison Barnett, de Londres, et mes actions sont toujours en hausse... A propos de ça, je me rappelle qu'un paysan vient de me dire que le vicaire m'attendait à la paroisse pour me communiquer une lettre de Londres, et pour me remettre mes deux schellings; car, vois-tu, malgré mes richesses qui sont immenses, je vis si sobrement, si simplement, qu'il ne me faut que deux schellings par semaine... je les prends là, à la paroisse... par habitude... (*A Bridget.*) Eh bien, ma chère voisine, cette dame vous a parlé de moi? n'est-ce pas! J'en étais sûr... (*à Davis.*) Une personne charmante! si tu la voyais... des yeux, une bouche! tiens, comme ce portrait que tu ébauchais l'autre jour...

DAVIS, *vivement.* Que dis-tu?...

BRIDGET, *à Patrick.* Maladroit!

PATRICK. Hein!

BRIDGET. Taisez-vous.

DAVIS, *à part.* Encore elle! partout! toujours!

PATRICK, *à Davis.* Qu'as-tu donc?

DAVIS. Laissez-moi, Patrick, laissez-moi.

PATRICK. Est-ce que tu ne m'aimes plus?

DAVIS. Oh si!... vous êtes bon vous!... mais on vous attend... allez...

PATRICK. Je reviendrai... (*A Bridget.*) Pauvre garçon! il est toujours d'une vivacité... quelquefois même un peu brutal... et si je n'étais pas là... mais je le surveillerai, soyez tranquille.

Il sort par le fond.

SCÈNE VI.

DAVIS, BRIDGET.

Davis est resté sur une chaise à droite.

BRIDGET, *s'approchant de lui.* Davis.... Davis...

DAVIS, *brusquement.* Que me voulez-vous?

BRIDGET. Je ne t'ai pas encore vu de la journée...

DAVIS. C'est vrai.... bonjour... bonjour, ma tante...

BRIDGET. Tu es sorti de bonne heure ce matin?

DAVIS. Oui, sortir?... rentrer?... toujours la même chose.... Je suis bien partout, moi... et nulle part!

BRIDGET. Eh bien! ta santé?...

DAVIS. Très-bonne...

BRIDGET. Je t'ai encore entendu marcher cette nuit... Quelle habitude as-tu donc prise de ne pas te coucher?... puis, vers la fin du jour, assoupi quelques instants sur ce vieux fauteuil...

DAVIS. Qu'importe, si je m'y trouve bien?... Depuis quelque temps je me sens mieux, beaucoup mieux.

BRIDGET. Cependant tu es pâle; ta main est brûlante...

DAVIS, *avec colère.* Ce n'est rien... laissez-moi. Je ne sais pas ce que je fais, je ne sais pas ce que je dis..... Je suis ingrat, je suis méchant; oui, ne m'en veuillez pas, tenez, et abandonnez-moi.

BRIDGET. T'abandonner!... (*Apercevant Andrews qui entr'ouvre la porte à gauche.*) Oh! j'espère encore!...

DAVIS, *secouant la tête.* Vous espérez...

BRIDGET, *faisant des signes au docteur.* A force de soins... il y a là, à côté, quelqu'un...

DAVIS, *se redressant brusquement.* Quelqu'un! un étranger!

BRIDGET. Ce n'est pas un étranger pour toi... c'est un homme qui t'a déjà secouru... qui t'a rendu la santé....

DAVIS, *avec égarement.* Plaît-il? hein? que dites-vous?... cet homme...

BRIDGET. C'est le docteur.... le docteur Andrews...

DAVIS, *se levant.* Andrews! ah! je ne veux pas le voir... Renvoyez-le...

BRIDGET, *lui montrant le Docteur, qui entre.* Le voici!

DAVIS. Lui!... il ose!... eh bien, à la bonne heure! (*A Bridget.*) Laissez-nous, Bridget, laissez-nous.

BRIDGET. Comment? ce ton... tu me fais peur...

DAVIS. Pourquoi cela? que craignez-vous? ne suis-je pas sage à présent? Rentrez! mais rentrez donc!

BRIDGET. Eh bien... je m'en vais, je m'en vais... Ah! mon Dieu, veille sur lui!

Elle sort à droite.

SCÈNE VII.

DAVIS, ANDREWS.

DAVIS, *se croisant les bras et le regardant.* Vous ici! monsieur! qu'est-ce que vous me voulez? qu'est-ce que vous venez faire? examiner mon visage, interroger ma pâleur; enfin, jouir de votre ouvrage, n'est-ce pas?

ANDREWS. Mon ouvrage!

DAVIS. Oui, comme mon ennemi... car vous êtes le mien... mon plus cruel ennemi.

ANDREWS. Moi qui vous ai rendu ce qu'il y a de plus précieux au monde!... la raison...

DAVIS. La raison! dites-vous? un don

précieux! Oh! que vous êtes bien un de ces vulgaires artisans de la science qui travaillez sur l'âme comme sur la matière, et qui ne voyez dans l'homme qu'une machine humaine!... Voilà de mes érudits! .. Dans leur travail mécanique, ils compteront les organes, les muscles, les moindres fibres; mais parlez-leur de l'âme, ils n'y sont plus... L'âme!... où est-elle? où sont ses blessures? comment les voir? comment les toucher? ils ne la connaissent pas, ils la nient, et dans leur impuissance à la guérir, ces habiles docteurs l'abandonnent à Dieu qui l'a faite!

ANDREWS. Ecoutez donc... permettez... s'il fallait s'occuper de toutes les imaginations malades...

DAVIS. Et pourquoi donc alors voulez-vous les guérir à moitié? Vous m'ôtez ma folie, et vous me laissez mon désespoir! Votre science, savez-vous ce qu'elle a fait? elle a détruit mon bonheur.

ANDREWS. Par exemple!

DAVIS. Ah! je le disais bien, vous ne pouvez pas comprendre cela, vous!... Oui, j'étais heureux; oui, les trois mois que j'ai passés chez vous, dans votre maison, quand j'étais fou, complétement fou, ces trois mois-là sont les plus beaux de ma vie... Je la voyais à toute heure, à tout moment, comme au temps de notre enfance... jusqu'au jour où vous m'aviez donné je ne sais quel régime à suivre, je me trouvai tout abattu... et ce jour-là elle vint plus tard qu'à l'ordinaire; peu à peu ses visites devinrent de plus en plus rares... enfin elle cessa tout à fait de venir.... De ce moment-là, je tombai dans le désespoir... Alors vous vîntes à moi, vous, tout radieux, tout triomphant, pour me dire: Vous êtes guéri!

ANDREWS. Allons, allons, il vaut bien mieux avoir le cerveau dans un état normal...

DAVIS. Oui, vous peut-être, homme froid, sans passions, sans haine, sans amour!... mais pour une âme ardente, où est le bonheur? dans le rêve qui accomplit ses désirs... Tous ces fous que vous méprisez sont les maîtres, les rois, les dieux de la création!... l'ambitieux porte une couronne, l'homme vindicatif terrasse son ennemi, l'inventeur est millionnaire... le joueur gagne; l'amant... l'amant, c'était moi... Ah! c'est le ciel qui nous prend en pitié quand il nous ôte le sentiment de nos chagrins... et vous avez défait l'ouvrage du ciel!... de quel droit? à quel titre? (*S'avançant avec fureur vers Andrews.*) Que vous avais-je fait? Ma sœur, ma compagne, mon amie, vous l'avez tuée une seconde fois, vous êtes son meurtrier, vous êtes son bourreau et le mien... Sortez, sortez d'ici, que je ne vous revoie jamais, ou je ne répondrais pas de ma fureur... Je vous hais, je vous maudis.. Oui! oui... je vous maudis.

Il rentre à gauche.

SCENE VIII.

ANDREWS, *seul, restant immobile.*

Ah ça, mais autrefois il était fou et pacifique... et le voilà sage et furieux... c'est que je n'en ai jamais vu un pareil!.... Guérissez donc les gens... Oh! si cela m'arrive jamais!

SCENE IX.

PAMÉLA, ANDREWS, BRIDGET.

LA DUCHESSE. Eh bien, docteur...

ANDREWS. Chut!... pardon, milady... (*A Bridget, en montrant le côté par où Davis est sorti.*) Fermez cette porte.

BRIDGET, *fermant la porte.* Il n'est plus là...

PAMÉLA. Dans quel état l'avez-vous trouvé?

ANDREWS. Dans un état fort alarmant.

LA DUCHESSE. Alarmant!

ANDREWS. Pour moi du moins.. ce sont des emportemens, des violences!...

BRIDGET. Qu'est-ce donc que vous lui avez dit?

ANDREWS. Moi? rien du tout; d'abord, il ne m'en a pas laissé le temps.

LA DUCHESSE. Mais enfin, son mal...

ANDREWS. Oh! je le connais à présent; je le connais de reste...

LA DUCHESSE. Qu'est-ce donc?

ANDREWS. Une folie d'un autre genre...

LA DUCHESSE. Expliquez-moi...

ANDREWS. Que votre Grâce m'en dispense.. le respect... je n'oserais...

LA DUCHESSE. Ah! parlez, parlez, je le veux.

ANDREWS. Vous le voulez?... au fait il est prudent que vous soyez avertie... J'espère que mylady voudra bien modérer son indignation, le pauvre garçon est plus à plaindre qu'à blâmer... Apprenez donc qu'il est amoureux...

LA DUCHESSE. Amoureux!...

Elle regarde Bridget.

BRIDGET. Oui.

LA DUCHESSE. Et... de qui?...

ANDREWS, *s'inclinant.* Je ne sais si je dois... de... de... de mylady*.

LA DUCHESSE. De moi!... de moi!... lui? mon frère!...

* Andrews, Paméla, Bridget.

BRIDGET. Oui.

LA DUCHESSE. Oh! vous vous trompez... ce n'est pas possible.

ANDREWS. C'est ce que j'ai dit d'abord, c'est ce que tout le monde dira!... Du moment que vous n'étiez plus une paysanne, il ne devait plus avoir le moindre amour... mais la catastrophe a malheureusement prouvé le contraire...

LA DUCHESSE. Quelle catastrophe?

ANDREWS. Le renversement de sa raison, quand il est entré dans votre appartement, le jour où vous étiez si malade...

LA DUCHESSE. Quoi! c'était vrai?... oui, vous le savez, je vous l'ai dit, j'avais cru le voir s'approcher de mon lit, me tendre les bras... j'avais poussé un cri!... mais vous m'avez tous persuadé que c'était un rêve...

ANDREWS. Mylord l'avait ordonné...

LA DUCHESSE. Davis!... Davis était là... et sa raison a succombé.

ANDREWS. Quand il a cru que vous n'existiez plus.

LA DUCHESSE. O ciel! le malheureux!... Mais à présent...

ANDREWS. A présent, il le croit toujours.

LA DUCHESSE. Et vous ne l'avez pas désabusé?...

BRIDGET. C'est moi, Paméla, c'est moi qui ne l'ai pas voulu... Lui apprendre que tu existes, n'était-ce pas réveiller une passion sans espoir?... Je croyais qu'avec le temps elle s'effacerait peu à peu.

LA DUCHESSE. Mais il m'aime encore!... il est resté fidèle à mon souvenir!... Oh! tant de souffrances, tant de chagrins pour moi, pour moi qui ne le savais pas...

ANDREWS. Tenez, mylady, si vous me permettez de vous donner un conseil, j'ose vous engager à retourner sur-le-champ à Londres, où vous attendent des idées beaucoup plus riantes... des plaisirs, des fêtes...

LA DUCHESSE. Ah! monsieur! et lui!... lui!...

ANDREWS. Soyez tranquille... je reste ici quelques jours... je l'entourerai de tous les soins imaginables... Fiez-vous à moi, mylady.

LA DUCHESSE. Oh! non... c'est à moi seule que je me fie.

BRIDGET, *écoutant à gauche.* Le voilà!..

LA DUCHESSE. Bridget, par ici... c'est lui, viens, viens...

ANDREWS. Dans les premiers jours je le soignerai... de loin, pendant ses moments de calme.

La Duchesse et Bridget sortent à droite. Andrews disparaît un moment, au fond.

SCÈNE X.

DAVIS, ANDREWS *caché*, *puis* PAMÉLA.

DAVIS. Allons, voici l'heure du travail... j'ai eu tort de m'emporter!... Cet homme était-il en état de me comprendre? un savant, soit!... mais un sot!

ANDREWS, *à part.* Il parle de moi.

DAVIS, *disposant son chevalet et ses pinceaux.* Chaque fois que je me mets à l'ouvrage, j'espère retrouver cette ardeur, cette fièvre d'exaltation qui m'enlève à moi-même, à mes souvenirs, à mes idées... Je sais bien que cela me mine, que cela me consume, eh bien, tant mieux... c'est autant de gagné sur ma vie!... J'irai la rejoindre plus tôt?... (*Il s'assied.*) Quand je commence un tableau, je me dis toujours: Si ce pouvait être le dernier!... Eh! mais, mon bras a peine à se soutenir... et après tant d'émotions, ma tête affaiblie... Encore cet assoupissement que je combats toujours... et qui à la même heure... Mes pinceaux m'échappent, et malgré moi... je cède*...

Musique.

ANDREWS, *qui s'est avancé doucement.* Il s'endort... voilà le bon moment pour l'examiner.. (*Davis fait un mouvement. Andrews s'éloigne précipitamment. Revenant.*) Ce n'est rien... un spasme nerveux... ce sommeil-là doit être bien lourd et bien fatigant!... Si je pouvais en observant les symptômes. (*Il lui tâte le pouls.*) Le pouls fréquent... la respiration précipitée. (*Paméla paraît à droite, vêtue en paysanne.*) Que vois-je? milady!... vous!...sous ce costume.

PAMÉLA. Silence!

ANDREWS. Mais...

PAMÉLA. Laissez-moi avec lui.

ANDREWS. Qu'allez-vous faire?

PAMÉLA. Allez, allez attendre mes ordres.

ANDREWS, *s'inclinant.* J'obéis.

Il sort par le fond.

PAMÉLA. Ah! comme le cœur me bat!... quel moment!... (*Apercevant Davis.*) Le voilà... (*Elle s'approche avec précaution.*) Si pâle!... si changé!... Comme les pleurs ont creusé son visage!... je retrouve là toutes les traces de ses souffrances... Pauvre Davis!

DAVIS, *rêvant.* Paméla!... Paméla!...

PAMÉLA. Il me nomme... c'est à moi qu'il pense... toujours à moi... Ah! pourquoi l'ai-je quitté?... Ces maux dont je suis la seule cause, pourrai-je au moins les calmer? J'ai peur... j'hésite... Allons, du courage.

Elle se place au piano à droite, et joue l'air du 1er acte. Davis sort peu à peu de son assoupissement. Elle chante:

* Andrews, Davis endormi dans le fauteuil à gauche.

Ah! viens avec moi, fouler les gazons verts,

Pendant ce chant, qui est lent et pianissimo, Davis prête l'oreille. La Duchesse suit ses mouvements avec anxiété.

DAVIS, *en extase*. Qu'est-ce que j'entends?... cet air... oui... c'est celui-là!...

PAMÉLA, *continuant.*

Sœur, quel doux plaisir nous attend au rivage!

DAVIS. Ah! je m'étais endormi, et dans mon rêve... cette voix que j'aimais tant!...

PAMÉLA, *avec effort*. Ah! mon Dieu!

Vois, le ciel est pur, l'horizon sans nuage,
Notre belle Irlande est la perle des mers.

DAVIS. Encore?... je croyais... mais non... c'est là... là... (*Il se retourne et voit Paméla.*) Ah!... (*Il tombe à genoux.*) C'est elle!... elle!... Reste... ah! reste, vision céleste, ne t'éloigne pas... (*Paméla se lève.*) Elle se lève! (*Paméla fait un pas.*) Elle marche... ô quelle illusion!... pourtant je suis éveillé... Et là... devant moi... (*Se levant avec explosion.*) Ah! je suis fou, grâce au ciel, je suis encore fou!... Merci, mon Dieu, merci! laisse-moi mon illusion cette fois, et ne permets plus qu'elle s'enfuie... Paméla, Paméla!...

PAMÉLA, *timidement*. Davis!...

DAVIS. Elle me parle!... elle me parle! comme autrefois...

PAMÉLA. Oui, comme autrefois... ta sœur...

DAVIS. Ma sœur!... ici!... oui... rien n'est changé!... Je suis resté si longtemps sans te voir!... des mois entiers!... Une grande dame!... oh! non, je ne veux rien me rappeler; si j'allais reprendre ma raison, je serais perdu!... (*Se retournant vers elle.*) Ah! j'ai toujours peur que tu ne m'échappes... Oh! tu ne me quitteras plus, n'est-ce pas?... tu ne me quitteras jamais?

PAMÉLA, *détachant son bouquet*. Non... jamais!... et pour gage... tiens!...

DAVIS. Ah!... ces fleurs... O ma folie! ma folie!... jamais, jamais elle n'a été si enivrante!... si complète!... Encore une épreuve!... encore!... oui je veux jouer mon rêve contre un dernier bonheur!... celui que j'ai tant désiré... ma sœur... mon amie... tu sais.. (*Paméla s'approche peu à peu*) Elle s'approche... Sa main... (*Il lui prend la main.*) Je la sens... (*Elle se penche vers lui.*) Et... ce baiser...

PAMÉLA. Davis!

DAVIS, *l'embrasse*. Ah!

SCENE XI.

LES MÊMES, ANDREWS, *puis* BRIDGET *.

ANDREWS. Qu'y a-t-il? que vois-je?

* Andrews, Bridget, Davis, Paméla.

DAVIS, *passant devant Paméla comme pour la protéger*. Vous... c'est vous! encore?... Ah! monsieur... laissez-moi, je ne veux pas que vous me guérissiez... Je la perdrais encore... La voilà...

PAMÉLA. Oui, elle existe!.. oui, tu as toute ta raison, Davis; c'est moi, ton amie, ta sœur.

DAVIS, *se jetant au cou de Bridget*. Ah! ma mère!

BRIDGET. Enfin!...

DAVIS, *à Paméla*. C'est donc vrai! je puis te voir!... je puis t'aimer!...

SCENE XII.

LES MÊMES, PATRICK *.

PATRICK. L'aimer! qui donc? la duchesse?

DAVIS. La duchesse!

ANDREWS. Eh oui! la duchesse de Bleston!... l'héritière d'une des plus puissantes maisons des trois royaumes.

DAVIS. Oui... je me rappelle... des honneurs, des richesses... et moi, pauvre artiste!... Ah! je disais bien que c'était un rêve!... Paméla est morte, et je la pleurerai toujours!... Je n'ai retrouvé que la duchesse de Bleston!

PAMÉLA. Toujours Paméla... (*A Bridget.*) Ta fille, Bridget... (*A Davis.*) Ta femme, Davis!

TOUS. Sa femme**!

DAVIS. Ciel!

ANDREWS. Sa femme!... ô Dieu! oh! si le feu lord était là!...

DAVIS, *à Paméla*. Ah! ne me fais pas mourir par trop de joie... si j'allais encore perdre la raison!

PATRICK. Comment! tu étais mon rival, toi qui n'as rien!... Heureusement j'ai songé à tout, car je sacrifie l'amour à l'amitié... J'ai tiré sur mon banquier une traite de mille livres sterling... Je viens de la recevoir... accepte-la.

DAVIS, *prenant le papier*. Eh mais, c'est le prix de mon tableau.

ANDREWS. Comment?

PATRICK. Voilà mon cadeau de noces... En outre, (*à Bridget*) j'achète pour vous ce domaine, et je donne cent livres sterling à la paroisse pour les pauvres... Je ne sais pas si c'est assez.

PAMÉLA, *souriant*. Je confirme tous vos dons.

ANDREWS. Décidément celui-là est fou, complétement fou!

DAVIS. Ah! docteur, ne le guérissez pas.

* Andrews, Bridget, Davis, Paméla, Patrick.
** Andrews, Bridget, Paméla, Davis, Patrick.

FIN.

Imprimerie de Mme Ve DONDEY-DUPRÉ, rue Saint-Louis, 46, au Marais.

Sans Nom! mystère en 1 a. 40
Un Parent millionnaire, c. 2 a. 40
Le Père de l'Enfant, c.-v. 2 a. 40
Le 3me et le 4me, v. 1 a. 30
L'Agrafe, mélod. 3 a. 40
Le Mari à la ville et la Femme à la campagne, c.-v. 2 a. 40
Une Fille de l'Air, féerie, 3 a. 50
Le Château de ma Nièce, c. 1 a. 30
La Fille d'un Militaire, c. 2 a. 40
Le Tour de Faction v. 1 a. 30
La Double Échelle, op.-c. 1 a. 30
Bruno le Fileur, v. 2 a. 40
Un Jour de Grandeur, dr. 3 a. 40
Le Tourlourou, vaud. 1 a. 50
Le Bon Garçon, op.-c. 1 a. 30
Dgenguiz-Kan, pièce en 6 t. 40
L'Officier Bleu, dr. 3 a. 40
Portier je veux de tes cheveux! 40
Rita l'Espagnole, dr. 4 a. 50
Piquillo, op.-com. 3 a. 40
Le Café des Comédiens. v. 1 a. 30
Thomas Maurevert, dr. 5 a. 50
Pauvre Mère! dr. 5 a. 50
Spectacle à la Cour, c.-v. 2 a. 40
Suzanne, com.-vaud. 2 a. 40
Le Domino Noir, op.-c. 3 a. 50
Longue-Épée, dr. 5 a. 50
Maria Padilla, en 3 a. 40
Roméo et Juliette, trag. 5 a. 50
La Folie Beaujon, vaud. 30
Caligula, 5 a. par A. Dumas. 50
Marquise de Senneterre, c. 3 a. 40
L'Ile de la Folie, r. 1 a. 30
La Dame de la Halle, v. 2 a. 40
Les Saltimbanques, par. 3 a. 40
A Trente ans, v. 3 a. 40
L'Élève de St-Cyr, dr. 5 a. 50
Marcel, dr. 4 a. 50
La Maîtresse de Langues, 1 a. 30
Le Cabaret de Lustucru, 1 a. 40
L'Interdiction, dr. 2 a. 40
La Pauvre Fille, mél. 5 a. 50
Isabelle, com. 3 a. 40
Le Mariage d'Orgueil, c.-v. 2 a. 40
La Petite Maison, c.-v. 2 a. 40
La Demoiselle Majeure, v. 1 a. 30
M. et Mme Pinchon, c.-v. 1 a. 30
Mlle Dangeville, c.-v. 1 a. 40
Arthur, c.-v. 2 a. 40
Les Suites d'une faute, d. 5 a. 50
Les Enfans du délire, v. 1 a. 40
Matéo, d. 5 a. 50
Le Mariage en Capuchon, v. 2 a 40
A Bas les hommes! v. 1 a. 40
La Bourse de Pézénas v. 1 a. 30
Lord Surrey, d. 5 a. 50
Duchesse! c.-v. 2 a. 40
Simon Terre-Neuve. c.-v. 1 a. 30
Gaspard Hauser, d. 4 a. 50
Les deux Pigeons, c.-v. 4 a. 40
Mathias l'Invalide, c.-v. 2 a. 40
Impressions de Voyages, v. 2 40
Geneviève de Brabant, m. 4 a. 40
Rafael, d.-c. 3 a. 40
Faute de s'entendre, c. 1 a. 30
La Femme au salon, c.-v. 2 a. 40
Juana, c.-v. 2 a. 40
Droits de la Femme, c.-v, 1 a. 30
Moustache, c.-v. 3 a. 40
La Pièce de 24 sous, c. v. 1 a. 30
M. de Coyllin, c.-v. 1 a. 30
Fille de l'Air dans son Ménage, 30
L'Orphelin du Parvis, v. 1 a. 30
Philippe III, tr. en 5 a. 50
La Croix de Feu, mél. 3 a. 40
Plock le Pêcheur, v. 1 a. 30
Léonce, c.-v. 3 a. 40
Les 3 Dimanches, c.-v. 40
L'Escroc du Grand monde, 3 a. 40
Les Chiens du St.-Bernard, 5 a. 50
La Figurante, op.-c. 5 a. 50
La Comtesse de Chamilly, d. 4 a 40
La Reine des Blanchisseuses, 2 a 40
Le Sonneur de St.-Paul, d. 5 a. 50
Mademoiselle, c.-v. 2 a. 40
La Dame d'Honneur, op.-c. 1 a. 30
Maria Padilla. tr. 5 a. 50
Paul Jones, d. 5 a. par A. Dumas 50

Le Brasseur de Preston, op. 3 a. 40
Françoise de Rimini t. 3 a. 40
Lady Melvil, c.-v. 3 a. 40
Tronquette, c.-v. 1 a. 30
Le Discours de Rentrée, v. 1 a. 30
Pierre d'Arrezzo, d. 3 a. 40
Les Coulisses, v. 2 a. 40
Les Parens de la Fille, c. 1 a. 30
La Levée de 300,000 Hommes. 30
Rothomago, r. 1 a. 30
Le Marquis en Gage, c.-v. 1 a. 30
Le Puff, r. en 3 t. 40
Claude Stocq, d. 5 a. 50
Jeanne Hachette, d. 5 a. 50
Lekain, v. 2 a. 40
Reine de France, v. 1 a. 30
Diane de Chivry, par Soulié. 50
Les trois Bals, v. 3 a. 40
Le Manoir de Montlouvier, 50
Dieu vous bénisse, v. 1 a. 30
Maurice, c.-v. 2 a. 40
Balthilde, d. 3 a. 40
Pascal et Chambord, c.-v. 2 a. 40
Maria, c.-v. 2 a. 40
La Bergère d'Ivry, d. 5 a. 50
Mlle de Belle-Isle, par Dumas. 50
Marie Rémond, d.-v. 3 a. 40
Simplette, v. 1 a. 30
Le Dépositaire, c.-v. 2 a. 40
Le Plastron, v. 2 a. 40
L'Alchimiste, d. 5 a. 50
Naufrage de la Méduse, 5 a. 50
Balochard, c.-v. 3 a. 40
La Maîtresse et la Fiancée, 2 a. 40
Les Mancini, c.-v. en 3 a. 40
Marguerite d'Yorck, mél. 4 a. 40
Deux jeunes femmes, d. 5 a. 50
Rigobert, mél.-c. 4 a. 40
Gabrielle, c.-v. en 2 a. 40
La jeunesse de Gœthe, v. 1 a. 30
Émile, v. en 1 a. 30
Il faut que jeunesse se passe, 40
Un vaudevilliste, 1 a. 30
Le Fils de la Folle, d. 5 a. 50
Le Marché de Saint-Pierre, 50
Les Belles femmes de Paris, 40
Amandine, c.-v. en 2 a. 40
Il était temps! v. en 1 a. 30
L'article 960, 1 a. 30
L'Ange dans le monde, c. 3 a. 40
L'Art de ne pas monter sa gar. 30
Christine, 5 a. par F. Soulié. 50
Les chevaux du Carousel, 5 a. 50
Laurent de Médicis, tr. 3 a. 40
Les 3 Beaux-Frères, v. 1 a. 30
La Jacquerie, op. 4 a. 40
Revue et Corrigée, c.-v. 1 a. 30
Le Loup de Mer, d. 2 a. 40
L'Ombre d'un Amant, v. 1 a. 30
Christophe le Suédois, d. 5 a. 50
Le Proscrit, d. 5 a. 50
Les Travestissemens, op. 1 a. 30
Le Massacre des Innocens, 5 a. 50
Thomas l'Égyptien, v. 1 a. 30
Clémence, c.-v. 2 a. 40
La belle Bourbonnaise, v. 2 a. 40
Le Château de Saint-Germain, 50
Les Bamboches de l'Année, r. 1 30
Commissaire extraordinaire, 30
Deux Couronnes, com. 1 a. 30
Les Enfans de troupe, c.-v. 2a. 40
L'Ouvrier, dr. 5 a. 50
Tremb. de terre de la Martini. 50
La Famille du Fumiste, v. 2 a. 40
Les Intimes, v. 1 a. 30
La Lionne, c.-v. 2 a. 40
La Madone, d. 4 a. 40
Jean le Pingre, v. 1 a. 30
Les Prussiens en Lorraine, 50
Roland Furieux, f.-v. 1 a. 30
Un Secret, dr.-v. 3 a. 40
L'Abbaye de Castro, d. 5 a. 50
La nouvelle Geneviève, v. 2 a. 40
La Famille de Lusigny d. 3 a. 40
Vautrin, d. 5 a. 50
L'Ouragan, d.-v. 2 a. 40
L'Habit noisette, v. 1 a. 30
Aubray le Médecin, d. 3 a. 40
Les Honneurs et les Mœurs, 40

Les Diners à 32 sous, v. 1 a. 30
Aînée et Cadette c.-v. 2 a. 40
Le Fils du Bravo, v. 1 a. 30
Bonaventure, v. 3 a. et 4 t. 40
L'Éclat de Rire, d. 3 a. 40
Cocorico, v. 5 a. 40
Souvenirs de la Marq. de V***. 30
La jolie Fille du faubourg, 40
Le fin mot, c.-v. 1 a. 30
Le Château de Verneuil, d. 5a 50
Monsieur Daube, c.-v. 1 a. 30
La Maréchale d'Ancre, d. 5. a. 50
Les Pages et les Poissardes, 40
Bocquet Père et Fils, v. 2 a. 40
Le Mari de ma Fille v. 2 a. 30
La Chouette et la Colombe, 40
Quitte ou Double, c.-v. 2 a. 40
L'argent, la Gloire et les Femmes, v. 4 a. et 5 t. 50
Marguerite, d. 3a 40
Paula, d. 5 a. 50
Mon ami Cléobul, v. 1 a. 30
Édith, d. [illegible] 50
Un Roman intime, c. 1 a. 30
Lazare le Pâtre, d. 5 a. 50
L'École des Journalistes, c. 5 a. 50
Cicily, c.-v. 2 a. 40
Newgate, d. 4 a. 50
L'Hospitalité, v. 1 a. 30
Le Père Marcel, c.-v. 2 a. 40
Le Guitarrero, op.-c. 3 a. 50
La Fête des Fous, d. 5 a. 50
La Favorite, op. 4 a. 50
Le Neveu du Mercier, dr.-v. 3 a. 50
Le Perruquier, dr. 5 a. 50
Zacharie, dr. 5 a. 50
Le Tyran de Café, c.-v. 1 a. 30
Tiridate, c.-v. 1 a. 40
La Bouquetière, dr.-v. 3 a. 40
Jacques [illegible] 50
L'École des Jeunes filles, d. 5 a. 50
La Protectrice, c. 1 a. 40
Manche à Manche, c.-v. 1 a. 40
Un Mariage sous Louis XV, 50
Fabio le Novice, dr. 5 a. 50
Une Vocation, com.-v. 2 a. 40
La Sœur de Jocrisse, v. 1 a. 40
Van-Bruck, com.-v. 2 a. 40
Le Marchand d'habits, dr. 5 a. 50
Mon ami Pierrot, c.-v. 1 a. 40
La Lescombat, dr. 5 a. 50
Zara, dr. 4 a. 50
Langeli, com.-v. 1 a. 40
Murat, pièce en 3 a., 14 tab. 50
Trois œufs dans un panier, 1 a. 40
Mathieu Luc, dr. 5 a, en vers. 50
Caliste, com.-vaud. en 1 a. 40
L'Aveugle et son Bâton, 1 a. 40
Paul et Virginie, dr. 5 a. 50
Les Enfants Blancs, dr. 5 a, 50
La Voisin, mél. 5 a. 50
Ivan de Russie, tragédie. 50
Le Dérivatif, vaudeville. 40
Un Bas bleu, vaudeville. 40
Les Filets de Saint-Cloud. 50
Lorenzino, par A. Dumas 50
La Plaine de Grenelle, d. 5 a. 50
La Dot de Suzette, d. 5 a. 50
Amour et Amourette, v. 5 a. 50
Paris le Bohémien, d. 5 a. 50
Les Brigands de la Loire, d. 50
Margot, v. 1 a. 40
Paris la nuit. d. 5 a. 8 t. 50
Emery le négociant, d. 3 a. 50
La Salpêtrière. dr. 5 a. 50
Du Haut en Bas, c.-v. 2 a. 50
La Dot d'Auvergne, v. 1 a. 40
Claudine, dr. 3 a. 50
L'homme aux 3 culottes. 3 a. 4 p. 50
Céline, c.-v. 2 a. 40
L'Hôtel des 4 nations, c.-v. 40
Les Pilules du Diable, 3 a. 20 t. 50
Les 2 Brigadiers, vaud. 2 a. 40
Le Roi d'Yvetot, op.-com. 3 a. 50
L'Auberge de la Madone, d. 5 a. 50
Les Chanteurs ambulants, 3 a. 50
Séducteur et Mari, d. en 3 a. 50
Les ressources de Jonathas, 1 a. 40
Davis ou le bonheur d'être fou. 50

Publication nouvelle.

30 CENTIMES LA LIVRAISON POUR PARIS, **35** CENTIMES PAR LA POSTE POUR LA PROVINCE.

PICCIOLA, PAR SAINTINE.

UN MAGNIFIQUE VOLUME ILLUSTRÉ DE **125** GRAVURES SUR BOIS,

Gravées par PORRET, et sous sa direction, sur les dessins de Mme L. HUET, de MM. TONY JOHANNOT, FRANÇAIS, C. NANTEUIL.

Les Illustrations seront, suivant leur importance, tirées dans le texte ou séparément.

Un Prix MONTHYON décerné par l'Académie Française et **14** éditions épuisées en France depuis quelques années, de nombreuses traductions dans toutes les langues de l'Europe, en disent plus en faveur de ce livre que nous ne pourrions en écrire.

L'ouvrage sera complet en trente livraisons. Il en paraîtra une par semaine.

Ce livre, formera un charmant Keepsake pour étrennes de 1843.

L'ouvrage complet 9 fr. pour Paris ; pour la province 10 fr. 50 cent. Pour recevoir l'ouvrage en province par livraisons, il suffit d'envoyer avec sa demande un mandat de 10 francs 50 cent. sur Paris.

GALERIE DES ARTISTES DRAMATIQUES DE PARIS.

50 centimes la livraison,

Composée d'un portrait en pied, sur papier chine, et d'une notice biographique.

L'ouvrage étant terminé, on peut se le procurer en livraisons, ou broché en deux volumes.

OEUVRES DRAMATIQUES DE SCHILLER,

TRADUCTION DE M. DE BARANTE, Pair de France, Membre de l'Académie Française.

PRÉCÉDÉES D'UNE NOTICE BIOGRAPHIQUE ET LITTÉRAIRE SUR SCHILLER.

Un superbe volume in-8° à deux colonnes, illustré de 24 vignettes sur acier. Prix : 12 francs.

OEUVRES COMPLÈTES DE SHAKSPEARE,

Traduction entièrement nouvelle par BENJAMIN LAROCHE,

Deux volumes jésus in-8° à deux colonnes, illustrés de quarante-quatre gravures sur acier et sur bois.

PRIX DES DEUX VOLUMES : 22 FRANCS.

KEEPSAKE DE 1843.

GALERIE DES FEMMES

DE WALTER SCOTT.

Un charmant volume ; 40 gravures sur acier, avec texte français.

PRIX : Broché, 10 fr. ; reliure dorée sur tranche, 12 fr.

www.ingramcontent.com/pod-product-compliance
Ingram Content Group UK Ltd.
Pitfield, Milton Keynes, MK11 3LW, UK
UKHW020409250726
13967UKWH00006B/2550

9 782013 080798